Männer
Pullover

Mosaik Verlag

Idee, Konzeption, Text- und Bildredaktion:
topic GmbH, München-Karlsfeld

Redaktion: Ute Jäger, Monika Weidmann

Gestaltung: Claus Seitz, München

Einbandgestaltung: Angelika Spichtinger
Einbandfoto: Laines Berger du Nord
Deutschland GmbH, Düsseldorf
Abbildungen Innenteil: siehe Fotonachweis

ABKÜRZUNGEN
M = Masche, R = Reihe, Rd = Runde
Die Maße in den Schnitten sind, wenn nicht
anders angegeben, cm-Angaben.

Wir empfehlen, die vorgeschriebene
Maschenprobe genau einzuhalten und bei
Differenzen feinere oder gröbere Nadeln
zu verwenden.

Die Anleitungen zu den Titelmodellen finden
Sie auf den Seiten 48 und 50.

FOTONACHWEIS
Besonderen Dank sagen wir folgenden
Firmen für Bildvorlagen und Beratung bei
den Strickanleitungen:

Afra GmbH, Hamburg (Pingouin Wolle)
52/53, 55, 57, 59, 60, 75, 78, 82, 85, 86;
Max Austermann GmbH & Co., Wuppertal
27, 45, 122;
Laines Berger du Nord Deutschland GmbH,
Düsseldorf 49, 51;
3-Pagen-Versand- und Handelsges. mbH,
Alsdorf-Hoengen 65, 67, 68;
Garnimport H. Ernst GmbH, Renningen
(H.E.C. Wolle) 6/7, 11, 23, 28, 33, 34, 38, 41,
42, 46, 63, 69, 70, 125, 127, 128;
Italana Handels GmbH, Ingolstadt 97, 119;
Junghans Wollversand GmbH & Co. KG,
Aachen 77;
Kammgarnspinnerei Wilhelmshaven AG,
Wilhelmshaven (Hübner Wolle) 21, 31, 98;
Klaus Koch GmbH, Köln (KKK Wolle) 9, 112,
116/117, 130, 134, 137, 141;
Koninklijke D.S. van Schuppen, Veenendaal/
Niederlande (Scheepjeswol) 95, 110, 133;
Lang & Cie., Reiden/Schweiz 17, 18, 81;
Phildar Wolle GmbH, Wiesbaden 101;
Seiden und Garn GmbH, Freiburg/Br.
(Jaeger Wolle und Patons Wolle) 12, 24;
Sjöberg Wolle Handelsges. mbH,
Wildeshausen 88/89, 90, 91, 102, 115;
Schachenmayr, Mann & Cie. GmbH, Salach
93, 105, 107;
Schoeller Albers AG, Schaffhausen/Schweiz
(Schaffhauser Wolle) 37, 109, 121;
Schoeller Eitorf AG, Eitorf/Sieg (Esslinger
Wolle und Schoeller Wolle) 73, 138;
Woll-Service Dr. Tschöpe GmbH, Geisenfeld
(Filpucci/Woll-Service Wolle) 15;
Wolle & Handarbeiten, Elfriede Haimerl,
München (Beratung).

© 1985 Mosaik Verlag GmbH, München /
   54321
Satz: fb-werbeservice, München
Reproduktionen: Artilitho, Trient
Druck und Bindung: Mohndruck
Graphische Betriebe GmbH, Gütersloh
Printed in Germany
ISBN 3-570-02461-X

INHALT

klassisch

Größen 50 und 54

Bei unterschiedlichen Angaben: Größe 54 in Klammern.

Material: KKK Wolle, Qualität Macco, 700 g in Natur Nr. 5 und 150 g in Khaki Nr. 19. Je 1 Rundstricknadel Nr. 3½ und 4½, 100 cm lang.
Strickmuster I: Mit Nadel Nr. 4½ glatt rechts = Hinreihe rechts, Rückreihe links.
Strickmuster II: Mit Nadel Nr. 4½ abwechselnd 1 M rechts, 1 M links.
Strickmuster III: Mit Nadel Nr. 4½ im Passenmuster arbeiten = abwechselnd 2 M rechts, 1 M links.
Bündchenmuster: Mit Nadel Nr. 3½ abwechselnd 2 M rechts, 2 M links.
Maschenprobe: 21 M und 30 R = 10 x 10 cm.

ARBEITSANLEITUNG

Rücken: 117 (131) M in Natur anschlagen und 6 cm im Bündchenmuster stricken. Im Strickmuster II fortfahren, dabei das Muster in jeder R beidseitig um 1 M in Strickmuster I abwandeln, bis alle M im Strickmuster I gearbeitet werden. In 50 (52) cm Gesamthöhe beidseitig in Khaki auf einmal 25 M zunehmen = 167 (181) M, dabei die M wie folgt einteilen: 38 M in Khaki im Strickmuster III, 91 (105) M in Natur im Strickmuster I, 38 M in Khaki im Strickmuster III. Nach weiteren 5 cm über alle M im Strickmuster III arbeiten. In 68 (72) cm Gesamthöhe alle M abketten.
Vorderteil: Wie das Rückenteil anfertigen. Den Halsausschnitt in 60 (64) cm Gesamthöhe beginnen. Dafür die mittleren 15 M abketten und getrennt weiterstricken. Am inneren Arbeitsrand in jeder 2. R 1 x 4 M, 1 x 3 M, 3 x 2 M und 3 (5) x 1 M abnehmen. Die restlichen Schulterm. in einer Halsausschnitthöhe von ca. 8 cm abketten. Die zweite Seite gegengleich arbeiten.
Ärmel: 52 M in Natur anschlagen und 6 cm im Bündchenmuster stricken. Im Strickmuster I weiterarbeiten, dabei in der 1. R 8 M verteilt zunehmen = 60 M. Für die Schräge beidseitig in jeder 5. R 29 x 1 M (abwechselnd in jeder 4. und 5. R 33 x 1 M) zunehmen = 118 (126) M. In

42 (45) cm Gesamthöhe die mittleren 76 (84) M abketten und getrennt weiterstricken. Die Zunahmen laufen wie beschrieben weiter. Nach weiteren 12 cm die restlichen M abketten. Den zweiten Ärmel genauso arbeiten.
Fertigstellung: Seiten-, Schulter- und Ärmelnähte schließen, Ärmel einsetzen. Für den Halsausschnitt 130 (140) M in Natur auffassen und 2 cm im Bündchenmuster stricken, alle M abketten.

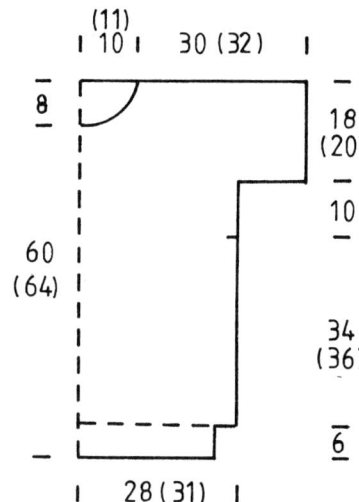

½ Rücken bzw. Vorderteil

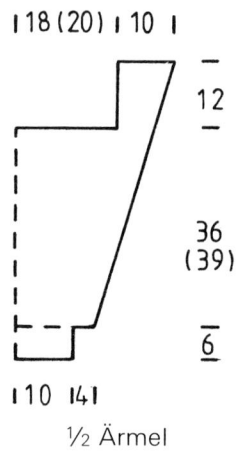

½ Ärmel

Größen 46, 48 und 50/52

Bei unterschiedlichen Angaben: Größen 48 und 50/52 in Klammern.
Obere Weite des Modells 102 (106/112) cm, gesamte Länge 67 (68/69) cm.

Material: H.E.C. Wolle, Qualität aarlan royaltweed, 510 (550/600) g in Hellgrün Nr. 1311. Je 1 Paar Stricknadeln Nr. 3½ und 4½, 1 Häkelnadel, 5 Knöpfe.

Strickmuster I: Mit Nadeln Nr. 4½ glatt rechts = Hinreihe rechts, Rückreihe links.

Strickmuster II: Mit Nadeln Nr. 4½ im Halbpatent arbeiten.
Hinreihe: * 1 M links abheben, dabei den Faden als Umschlag über die Nadel legen, 1 M rechts, ab * wiederholen. Mit 1 M abheben enden.
Rückreihe: * Die M mit dem darüberliegenden Umschlag rechts zusammenstricken, 1 M links, ab * wiederholen.

Bündchenmuster: Mit Nadeln Nr. 3½ abwechselnd 1 M rechts, 1 M links.

Maschenprobe: 20 M und 28 R im Strickmuster I = 10 x 10 cm.

ARBEITSANLEITUNG

Rücken: 78 (80/88) M anschlagen und 7 cm im Bündchenmuster arbeiten. Im Strickmuster I fortfahren, dabei in der 1. R verteilt 25 (27/25) M aufnehmen = 103 (107/113) M. Die Kanten bleiben gerade. In 67 (68/69) cm Gesamthöhe alle M abketten.

Vorderteil: Wie das Rückenteil anfertigen, jedoch in 47 (48/48) cm Gesamthöhe das Strickmuster II in der Spitze beginnen, d.h. in der 1. und 2. R nur die mittleren 3 M im Strickmuster II arbeiten, die übrigen M bleiben im Strickmuster I. In der 3. und 4. R die mittleren 7 M im Strickmuster II arbeiten usw., stets nach 2 R zu beiden Seiten hin 2 weitere M im Strickmuster II arbeiten, bis alle M im Strickmuster I aufgebraucht sind.

Ärmel: 44 (48/48) M anschlagen und 6 cm im Bündchenmuster arbeiten. Im Strickmuster I fortfahren, dabei in der 1. R verteilt 16 M aufnehmen = 60 (64/64) M. An beiden Kanten 10 (14/8) x im Abstand von 2,5 cm und 8 (4/11) x im Abstand von 2 cm 1 M aufnehmen = 96 (100/102) M. In 48 (50/50) cm Gesamthöhe beidseitig 5 x 7 (8/8) M abketten. Die restlichen 26 (20/22) M abketten.

Fertigstellung: Teile nach Schnitt spannen und mit feuchten Tüchern bedeckt trocknen lassen. Vorerst nur die rechte Schulter 31 (32/35) M weit zusammennähen. Für das Halsbündchen am Vorder- und Rückenteil die mittleren 41 (43/43) M auffassen und im Bündchenmuster arbeiten, in der 19. R locker abketten und die Hälfte nach innen säumen. An der offenen Schulter am Rückenteil mit der Häkelnadel 1 R fester M häkeln.
Am Vorderteil 39 (41/45) M auffassen und im Bündchenmuster arbeiten, dabei die Rückseite der Arbeit mit Randm., 1 M links begin-

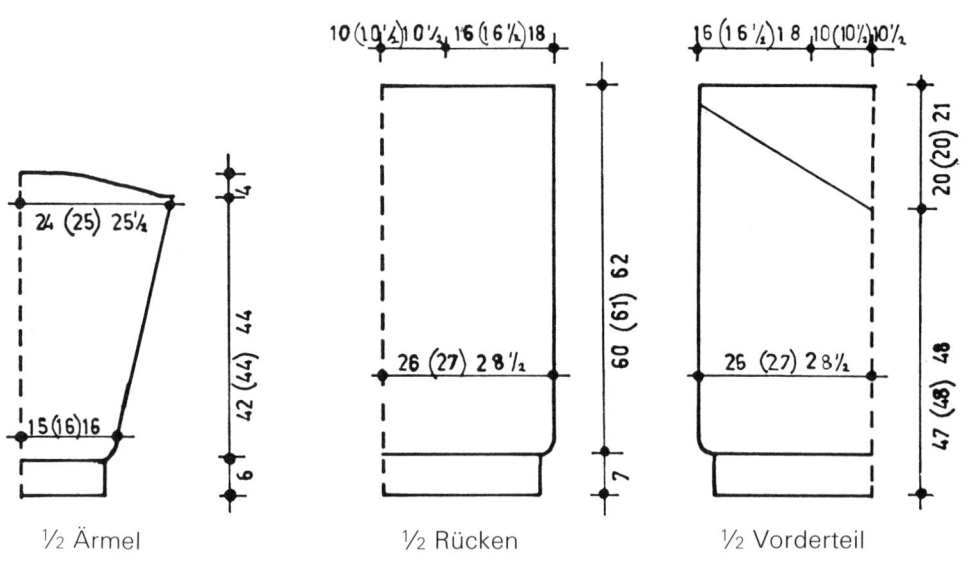

½ Ärmel   ½ Rücken   ½ Vorderteil

nen. In der 4. und 16. R auf der Vorderseite der Arbeit für fünf Knopflöcher je 2 M abketten, ohne die M abzustricken, und sogleich mit dem Arbeitsfaden 2 M anschlagen. Das 1. Knopfloch entsteht nach der Randm. und 5 (3/3) M. Der Abstand beträgt jeweils 5 (6/7) M, am Halsausschnitt verbleiben 3 M. In der 19. R abketten und die Hälfte nach innen säumen.

Die aufeinandertreffenden Knopflöcher sorgfältig mit Knopflochstich umnähen. Dieses doppelte Bündchen am Armausschnitt über das Rückenteil heften. Knöpfe annähen. Anschließend Seiten- und Ärmelnähte schließen, dabei die Seitennähte entsprechend der Ärmelweite offenlassen, und die Ärmel einsetzen.

PAARWEISE RHOMBEN

Damengröße 38/40, Herrengröße 48/50
Bei unterschiedlichen Angaben steht die Herrengröße in Klammern.
Obere Weite des Modells 88/92 (96/100) cm, gesamte Länge ca. 64 (74) cm, Ärmellänge ca. 48 (54) cm.

Material: Patons Wolle, Qualität Clansman, 350 (150) g in Weiß Nr. 504, 100 g in Grau Nr. 68 (400 g in Hellgrau Nr. 610), 100 (150) g in Schwarz Nr. 52. Je 1 Paar Stricknadeln Nr. 3½ und 4, 1 Rundstricknadel Nr. 3½, 50 cm lang.
Strickmuster: Mit Nadeln Nr. 4 glatt rechts = Hinreihe rechts, Rückreihe links nach Strickschrift Seite 143 arbeiten.
Bündchenmuster: Mit Nadeln Nr. 3½ abwechselnd 1 M rechts, 1 M links.
Maschenprobe: 22 M und 32 R im Strickmuster = 10 x 10 cm.

ARBEITSANLEITUNG

Es wird mit mehreren Knäueln gearbeitet. In der Strickschrift bedeutet 1 Kästchen 1 M in der Breite und 1 R in der Höhe. Beim Farbwechsel innerhalb der R die Fäden auf der Rückseite der Arbeit miteinander verkreuzen, damit keine Löcher entstehen.
Für den Herrenpullover gelten die äußeren Begrenzungslinien der Strickschrift und die in Klammern gesetzten Zahlen.
Rücken: 110 (120) M in Weiß (Grau) anschlagen und ca. 4 cm im Bündchenmuster stricken, dabei in der letzten R 1 M zunehmen. Im Strickmuster nach der Strickschrift weiterarbeiten. In ca. 62 (72) cm Gesamthöhe für den Halsausschnitt die mittleren 45 M gerade abketten und jede Seite getrennt beenden. An der Ausschnittrundung 2 x 1 M in jeder 2. R abketten. Die restlichen 31 (36) M gerade abketten. Die andere Seite gegengleich arbeiten.
Vorderteil: Wie das Rückenteil anfertigen, jedoch in ca. 56 (66) cm Höhe für den Halsausschnitt die mittleren 21 M gerade abketten und jede Seite getrennt beenden. Für die Ausschnittrundung 1 x 3, 1 x 2 und 9 x 1 M in jeder 2. R abketten. Die restlichen 31 (36) M in gleicher Höhe wie beim Rückenteil gerade abketten. Die andere Seite gegengleich arbeiten.

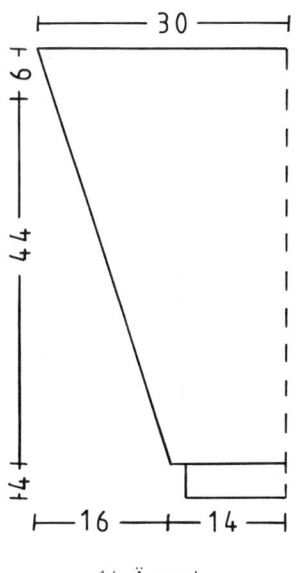

½ Ärmel

Ärmel (Damen): 46 M in Weiß anschlagen und ca. 4 cm im Bündchenmuster stricken, dabei in der letzten R gleichmäßig verteilt 15 M aus dem Querfaden verschränkt herausstricken = 61 M. Im Strickmuster glatt rechts fortfahren. In der Mitte des Ärmels werden zwei Rhomben wie beim Rücken- und Vorderteil in Grau und Schwarz eingestrickt. Der übrige Ärmel wird in Weiß gearbeitet. Für die Ärmelschräge beidseitig 35 x 1 M in jeder 4. R zunehmen = 131 M. In ca. 48 cm Gesamthöhe die M gerade abketten.
Ärmel (Herren): Wie beim Damenpullover stricken, jedoch in Hellgrau und über 52 M. Nach dem Bündchen 9 M zunehmen = 61 M. Es werden 2½ Rhomben gearbeitet in Schwarz, Weiß und Schwarz. Der übrige Ärmel wird in Hellgrau gestrickt. Für die Ärmelschräge beidseitig 5 x 1 M in jeder 6. R und 30 x 1 M in jeder 4. R zunehmen = 131 M. In ca. 54 cm Gesamthöhe die M gerade abketten.
Fertigstellung: Schulternähte schließen, Ärmel einsetzen, Seiten- und Ärmelnähte schließen. Aus dem Halsausschnitt mit der Rundstricknadel ca. 100 M auffassen und 8 Rd im Bündchenmuster stricken.

Größe 50/52

Material: Filpucci/Woll-Service Wolle, Qualität Cotone Batik, 800 g in Grün. Je 1 Paar Stricknadeln Nr. 4 und 5, 4 Knöpfe.
Strickmuster: Mit Nadeln Nr. 5 im Halbpatent arbeiten.
1. R: * 1 M rechts, 1 M links, ab * wiederholen.
2. R: * 1 M rechts, 1 M mit Umschlag wie zum Linksstricken abheben, ab * wiederholen.
3. R: * Die M mit dem Umschlag rechts zusammenstricken, 1 M links, ab * wiederholen.
Die 2. und 3. R fortlaufend wiederholen.
Bündchenmuster: Mit Nadeln Nr. 4 abwechselnd 2 M rechts, 2 M links.
Maschenprobe: 17 M und 26 R = 10 x 10 cm.

ARBEITSANLEITUNG

Rücken: 70 M anschlagen und 11 cm im Bündchenmuster stricken, dabei in der letzten R verteilt 27 M zunehmen. Anschließend im Strickmuster 59 cm gerade hocharbeiten und alle M abketten.
Vorderteil: Wie das Rückenteil anfertigen, jedoch in 45 cm Gesamthöhe für die vordere Blende die mittleren 5 M abketten und beide Seiten getrennt und gegengleich beenden. In 62 cm Gesamthöhe für den Halsausschnitt 1 x 4, 2 x 3 und 3 x 1 M abketten. In Rückenteilhöhe die restlichen M auf einmal abketten.
Ärmel: 34 M anschlagen und 7 cm im Bündchenmuster stricken, dabei in der letzten R verteilt 13 M zunehmen. Anschließend im Strickmuster 42 cm hoch stricken, dabei beidseitig gleichmäßig verteilt 22 x 1 M zunehmen. Für die Armkugel dann beidseitig in jeder 2. R 10 x 3 M abnehmen. Die restlichen M abketten.
Fertigstellung: Nähte schließen, Ärmel einsetzen. Aus der Halsausschnittkante die M auffassen und 7 cm im Bündchenmuster stricken, den Kragen zur Hälfte nach innen umschlagen und ansäumen. Für die Blenden aus den Schlitzkanten jeweils die M auffassen und 4 cm im Bündchenmuster stricken, dabei in die

linke Blende 4 Knopflöcher einarbeiten. Hierfür jeweils 2 M überziehen und die fehlenden M sofort wieder neu anschlagen. Knöpfe annähen.

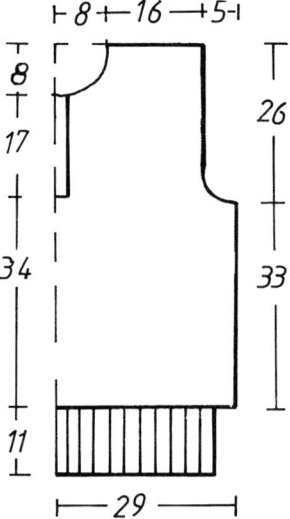

½ Rücken bzw. Vorderteil

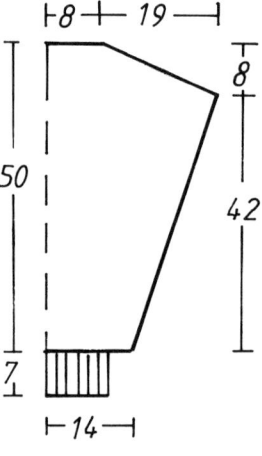

½ Ärmel

Pullover

Größen 46, 48/50 und 52

Bei unterschiedlichen Angaben: Größen 48/50 und 52 in Klammern.
Obere Weite des Modells 106 (110/114) cm, gesamte Länge 66 (66/68) cm.

Material: Lang Wolle, Qualität La Paz Alpaca: 600 (600/640) g in Meliert Nr. 7776; Qualität Olympic-Supra: 100 g in Indigoblau Nr. 4532. Je 1 Paar Stricknadeln Nr. 3 und 4, 1 Nadelspiel Nr. 3, 1 Hilfsnadel.
Strickmuster I: Mit Nadeln Nr. 4 glatt rechts = Hinreihe rechts, Rückreihe links.
Strickmuster II: Mit Nadeln Nr. 4 Zopf über 8 M arbeiten.
1.R (Hinr.): Alle M rechts stricken.
2.R (Rückr.): Randm., 1 M rechts, 4 M links, 1 M rechts, Randm.
3.-6. R: Die M stricken, wie sie erscheinen.
7.R (Hinr.): Randm., 1 M links, 2 M auf eine Hilfsnadel vor die Arbeit legen, die folgenden 2 M rechts stricken, dann die M der Hilfsnadel rechts stricken, 1 M links, Randm.
8.-14.R: Wie 2. und 3. R stricken.
15.R: Ab der 7. R wiederholen.
Bündchenmuster: Mit Nadeln Nr. 3 abwechselnd 2 M rechts, 2 M links.
Maschenprobe: 20 M und 30 R im Strickmuster I = 10 x 10 cm.

ARBEITSANLEITUNG

Rücken: 108 (112/116) M in Blau anschlagen und darüber im Bündchenmuster in Meliert 7 cm hoch stricken. Wie folgt weiterarbeiten: Vom rechten Arbeitsrand aus die ersten 24 (25/26) M im Strickmuster I in Meliert stricken, dabei am Ende der ersten R (am inneren Arbeitsrand) 1 M als Randm. dazu anschlagen. In 42 (42/44) cm Gesamthöhe am äußeren Arbeitsrand 8 M auf einmal abketten, über die restlichen M gerade weiterarbeiten. In 25 cm Armlochhöhe alle M locker abketten.
Über die folgenden 4 M der Arbeit den Zopf im Strickmuster II in Blau stricken, dabei in der 1.R an beiden Rändern 1 M als Randm. dazu anschlagen und über die 4 Mittelm. verteilt 2 M aufnehmen = 8 M. In gleicher Höhe wie beim ersten Teil abketten. Über die folgenden 24 (25/26) M der Arbeit im Strickmuster I in Meliert stricken, dabei in der 1.R an beiden Rändern 1 M als Randm. dazu anschlagen.
In 65 (65/67) cm Gesamthöhe am linken Rand

für den Halsausschnitt 1 x 10 und 2 x 5 M abketten, die restlichen M in gleicher Höhe wie die übrigen Teile abketten. Über die folgenden 4 M der Arbeit den mittleren Zopf im Strickmuster II in Blau wie den ersten Zopf anfertigen und in 65 (65/67) cm Gesamthöhe diese 8 M abketten. Anschließend die zweite Rückenteilhälfte gegengleich zur ersten Hälfte arbeiten.

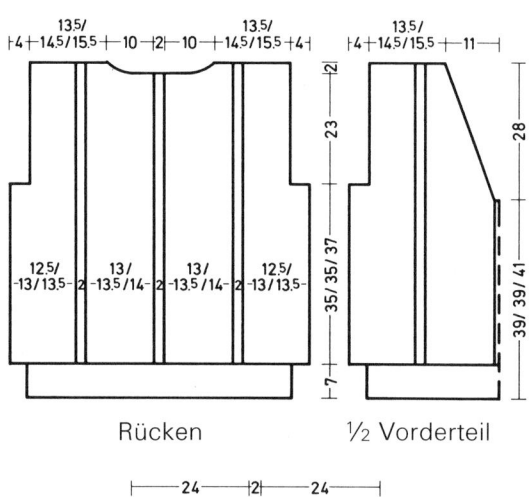

Rücken   ½ Vorderteil

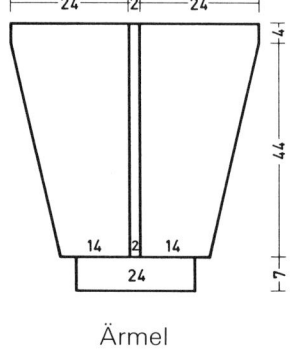

Ärmel

Vorderteil: Wie das Rückenteil anfertigen, jedoch den V-Ausschnitt wie folgt einarbeiten: Am zweiten melierten Teil (vor dem mittleren Zopf) in 39 (39/41) cm Gesamthöhe am linken Rand 1 M abnehmen und dieses Abnehmen noch 19 x in jeder 4.R wiederholen. Die restlichen M in gleicher Höhe wie die übrigen Teile abketten. In 39 (39/41) cm Gesamthöhe die 8 M des mittleren Zopfstreifens abketten. Am folgenden melierten Teil ebenfalls in 39 (39/41) cm Gesamthöhe am rechten Rand 1M abnehmen und dieses Abnehmen noch 19 x in jeder 4.R wiederholen. Die restlichen M in gleicher Höhe wie die übrigen Teile abketten. Es folgt ein weiterer Zopfstreifen. Den letzten

melierten Teil gegengleich zum ersten Teil stricken.

Ärmel: 48 M in Blau anschlagen und darüber in Meliert im Bündchenmuster 7 cm stricken. Wie folgt weiterarbeiten: Über die ersten 22 M der Arbeit im Strickmuster I in Meliert stricken, dabei in der 1.R verteilt 6 M aufnehmen und am Ende der R 1 M als Randm. dazu anschlagen = 29 M. Am rechten Arbeitsrand 21 x nach jeweils 2 cm 1 M aufnehmen = 50 M. In 55 cm Gesamthöhe alle M locker abketten. Über die 4 Mittelm. des Ärmels einen Zopfstreifen im Strickmuster II wie am Rückenteil anfertigen = 8 M. In 55 cm Gesamthöhe diese 8 M abketten. Die zweite Ärmelhälfte im Strickmuster I in Meliert gegengleich zur ersten Hälfte arbeiten.

Fertigstellung: Die Zopfstreifen mit den melierten Teilen im Maschenstich verbinden. Teile nach Schnitt spannen und mit feuchten Tüchern bedeckt trocknen lassen.
Am Vorder- und Rückenteil über die Mittelm.

der melierten Teile eine senkrechte R in Überwendlichstichen in Blau sticken (1 Stich = 1 M breit und 1 R hoch). An den Ärmeln ebenfalls eine solche R zu beiden Seiten des Zopfstreifens in gleichem Abstand sticken. Nähte schließen, dabei am oberen Rand der Ärmel 4 cm offenlassen. Diesen Teil auseinanderfalten und am Abkettrand des Ärmellochs annähen, Ärmel einsetzen.

Entlang dem V-Ausschnitt, am unteren Rand der rechten Ausschnittschräge beginnend bis hin zum unteren Rand der linken Ausschnittschräge (die M des mittleren Zopfes bleiben frei), mit dem Nadelspiel 220 M in Meliert auffassen und im Bündchenmuster in offener Strickart 2,5 cm hoch stricken, dann alle M in Blau locker abketten. Den Schmalrand des linken Blendenteils gegen den Abkettrand des mittleren Zopfstreifens mit Maschenstichen annähen, den Schmalrand des rechten Blendenteils auf der Rückseite des Pullovers dagegennähen.

Jacke

Größen 46/48 und 50/52

Bei unterschiedlichen Angaben: Größe 50/52 in Klammern.
Obere Weite des Modells 106 (116) cm, gesamte Länge 64 (66) cm.

Material: Lang Wolle, Qualität Olympic-Supra, 700 (750) g in Indigoblau Nr. 4532. Je 1 Paar Stricknadeln Nr. 3 und 4, 4 Knöpfe.
Strickmuster: Mit Nadeln Nr. 4 nach der Strickschrift arbeiten.
Bündchenmuster: Mit Nadeln Nr. 3 abwechselnd 1 M rechts, 1 M links.
Maschenprobe: 22 M im Strickmuster = 9 cm breit, 30 R = 10 cm hoch.

ARBEITSANLEITUNG

Rücken: 126 (138) M anschlagen und 5 cm im Bündchenmuster stricken. Im Strickmuster fortfahren, dabei in der 1. R verteilt 7 M aufnehmen = 133 (145) M. In 40 (42) cm Gesamthöhe für den Armausschnitt beidseitig 18 M auf einmal abketten und gerade weiterstricken. In 63 (65) cm Gesamthöhe für den Halsausschnitt die 29 Mittelm. abketten und jede Hälfte getrennt beenden. Vom äußeren Arbeitsrand aus für die Schulter 3 x 8 (3 x 10) M abketten und gleichzeitig am inneren Arbeitsrand noch 2 x 5 M abketten.
Rechtes Vorderteil: 64 (70) M anschlagen und 5 cm im Bündchenmuster stricken. Im Strickmuster wie folgt weiterarbeiten, dabei in der 1. R verteilt 3 M aufnehmen = 67 (73) M: Für

die 1. Größe (46/48) nach der Randm. beim Pfeil lt. Strickschrift beginnen. Die 2. Größe (50/52) wie am Rückenteil lt. Strickschrift arbeiten. In 32 (34) cm Gesamthöhe für die Ausschnittschräge am rechten Arbeitsrand nach der Randm. 1 überzogene Abnahme arbeiten und diese Abnahme noch 24 x in jeder 4. R wiederholen. Am linken Arbeitsrand für den Armausschnitt in 40 (42) cm Gesamthöhe wie am Rückenteil abketten, die Schulter ebenfalls vom linken Arbeitsrand aus in gleicher Höhe wie am Rücken abketten.
Linkes Vorderteil: Gegengleich anfertigen. Für die Abnahmen der Ausschnittschräge am linken Arbeitsrand vor der Randm. 2 M rechts zusammenstricken.
Ärmel: 58 M anschlagen und 6 cm im Bündchenmuster stricken. Im Strickmuster fortfahren, dabei in der 1. R verteilt 11 M aufnehmen und das Muster von der Mitte aus einteilen. Weiter an beiden Rändern 27 x nach jeweils 1,5 bis 2 cm 1 M aufnehmen = 123 M. Gerade weiterstricken bis zu einer Gesamthöhe von 57 cm. Anschließend alle M locker abketten.
Fertigstellung: Teile nach Schnitt spannen und mit feuchten Tüchern bedeckt trocknen lassen. Nähte schließen, dabei am oberen Rand der Ärmel 7 cm offenlassen. Diesen Teil auseinanderfalten und am Abkettrand des Ärmellochs annähen, Ärmel einsetzen.
Für die Blende bis zum Beginn der Ausschnittschräge je 86 (92) M auffassen, an den Ausschnittschrägen je 92 M, am Halsausschnitt des Rückenteils 57 M = 413 (425) M und 2,5 cm im Bündchenmuster stricken, abketten. In die Blendenmitte des linken Vorderteils entsprechend der Abbildung verteilt vier Knopflöcher einarbeiten. Knöpfe annähen.

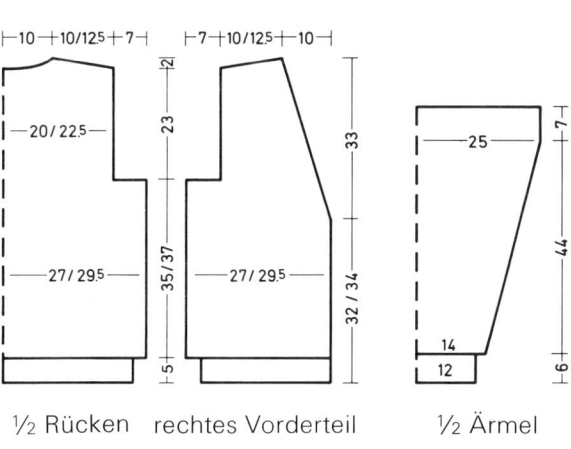

½ Rücken   rechtes Vorderteil   ½ Ärmel

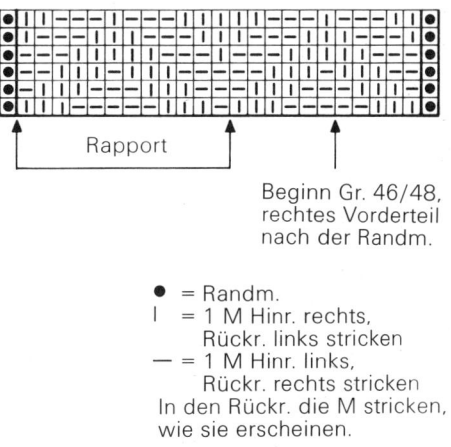

Rapport

Beginn Gr. 46/48, rechtes Vorderteil nach der Randm.

● = Randm.
I = 1 M Hinr. rechts, Rückr. links stricken
— = 1 M Hinr. links, Rückr. rechts stricken
In den Rückr. die M stricken, wie sie erscheinen.

Größe 50/52

Material: Hübner Wolle, Qualität Gaucho, 400 g in Natur Nr. 2 und 300 g in Taupe Nr. 17. Je 1 Rundstricknadel Nr. 3½ und 4½ (oder 1 Paar lange Nadeln ohne Köpfchen Nr. 4½).

Strickmuster: Mit Nadel Nr. 4½ (oder den Nadeln ohne Köpfchen Nr. 4½) im Perlmuster arbeiten.

1. R (Hinreihe): In Natur Randm., * 1 M rechts, 1 M links, ab * wiederholen, Randm.

2. R (Hinreihe): Die Arbeit nicht wenden, sondern zum Nadelanfang wieder zurückgehen. In Taupe Randm., * 1 M links, 1 M rechts, ab * wiederholen, Randm.

3. R (Rückreihe): Die Arbeit wenden, in Natur Randm., * 1 M rechts, 1 M links, ab * wiederholen, Randm.

4. R (Rückreihe): Die Arbeit nicht wenden, sondern zum Nadelanfang zurückgehen. In Taupe Randm., * 1 M links, 1 M rechts, ab * wiederholen, Randm.

Bündchenmuster: Mit Nadel Nr. 3½ abwechselnd 1 M rechts, 1 M links.

Maschenprobe: 20 M und 36 R im Grundmuster = 10 x 10 cm.

ARBEITSANLEITUNG

Rücken: 94 M in Natur anschlagen und 7 cm im Bündchenmuster stricken. Die letzte Rückr. in linken M stricken und dabei 12 M verteilt zunehmen = 106 M. Im Strickmuster fortfahren, gerade hocharbeiten und in 65 cm Gesamthöhe alle M locker abketten.

Vorderteil: Wie das Rückenteil anfertigen, jedoch in 45 cm Gesamthöhe für den Halsausschnitt die mittleren 40 M abketten und beide Seiten getrennt weiterstricken. In 65 cm Gesamthöhe die M locker abketten.

Ärmel: 52 M in Natur anschlagen und 6 cm im Bündchenmuster stricken. Die letzte Rückr. in linken M stricken und dabei verteilt 12 M zunehmen = 64 M. Im Strickmuster fortfahren. Für die Ärmelweite beidseitig 10 x in jeder 10. R und 8 x in jeder 8. R je 1 M zunehmen = 100 M. In 56 cm Gesamthöhe die M locker abketten. Den zweiten Ärmel ebenso stricken.

Fertigstellung: Schulter-, Seiten- und Ärmelnähte schließen. Für den Kragen in Natur aus dem Halsausschnitt (rückwärtiger Ausschnitt und vordere Längskanten) insgesamt 155 M aufnehmen und 20 cm im Bündchenmuster stricken. Die M im Maschenrhythmus locker abketten. Die seitlichen Ränder der Blende (linke Seite über die rechte Seite legen) an die Unterkante des vorderen Ausschnitts nähen. Ärmel einsetzen.

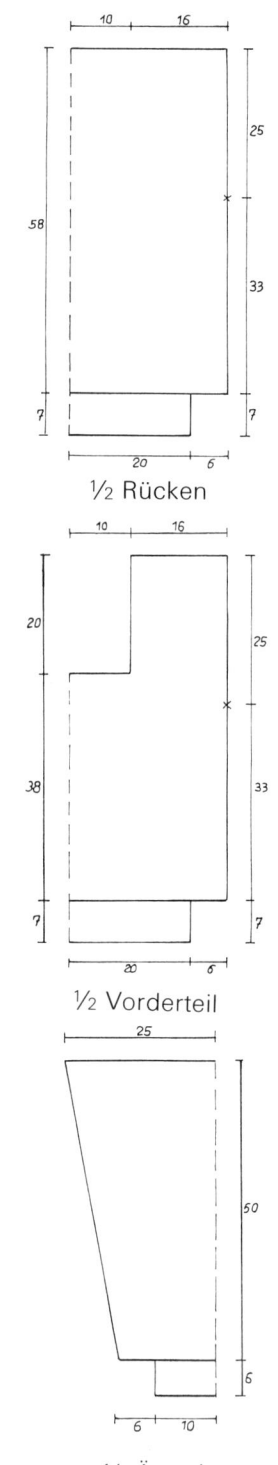

½ Rücken

½ Vorderteil

½ Ärmel

Größen 46 und 48/50

Bei unterschiedlichen Angaben: Größe 48/50 in Klammern. Obere Weite des Modells 104 (110) cm, gesamte Länge 66 cm.

Material: H.E.C. Wolle, Qualität aarlan royal, 100 (110) g in Blau Nr. 4236, 90 (100) g in Grau Nr. 4239, je 80 (90) g in Türkis Nr. 4285 und Blaugrün Nr. 4286, je 60 (70) g in Grün Nr. 4237 und Hellblau Nr. 4245. Je 1 Paar Stricknadeln Nr. 3 und 4, 1 Nadelspiel Nr. 3.

Strickmuster: Mit Nadeln Nr. 4 glatt rechts = Hinreihe rechts, Rückreihe links. Die Farbflächen nach den Angaben in der Arbeitsanleitung einteilen. Beim Farbwechsel stets die beiden Fäden verkreuzen.

Bündchenmuster: Mit Nadeln Nr. 3 in Grau abwechselnd 1 M rechts, 1 M links.

Maschenprobe: 21 M und 27 R im Strickmuster = 10 x 10 cm.

ARBEITSANLEITUNG

Vorderteil: 94 (100) M anschlagén und 8 cm im Bündchenmuster stricken. Im Strickmuster fortfahren, dabei in der 1. R verteilt 18 M aufnehmen und gleichzeitig 83 (86) M in Blau stricken und 29 (32) M in Türkis. Auf der Rückseite der Arbeit die M stets in der Farbe abstricken, wie sie erscheinen. Auf der Vorderseite der Arbeit 1 M weniger in Blau stricken und dafür je 1 M mehr in Türkis. Nach 24 R 44 (47) M in Blaugrün arbeiten und 68 (71) M in Hellblau. Wieder stets auf der Vorderseite der Arbeit 1 M weniger in Blaugrün stricken und dafür 1 M mehr in Hellblau. Nach 14 R 84 (90) M in Grün arbeiten und 28 M in Grau. Stets auf der Vorderseite der Arbeit 1 weitere M in Grün stricken und dafür 1 M weniger in Grau. Nach 18 R 50 (53) M in Blaugrün arbeiten und 62 (65) M in Blau. Stets auf der Vorderseite der Arbeit 1 weitere M in Blaugrün stricken und dafür 1 M weniger in Blau. Nach 26 R 27 M in Türkis stricken und die restlichen M in Hellblau. Auf der Vorderseite der Arbeit stets 1 weitere M in Türkis und dafür 1 M weniger in Hellblau arbeiten. Nach 18 R 84 (88) M in Blau stricken und die restlichen M in Grün. Stets auf der Vorderseite der Arbeit 1 M weniger in Blau stricken und dafür 1 M mehr in Grün. Nach 14 R 40 (41) M in Hellblau arbeiten, 44 (48) M in Grau und die restlichen M in Türkis. Stets auf der Vorderseite der Arbeit die graue Fläche gegen beide Seiten zu um je 1 M verbreitern.

In 57 cm Gesamthöhe für den Halsausschnitt die mittleren 10 (12) M locker abketten. Am Modell ist mit der 17. grauen R abgekettet. Weiter an der Ausschnittkante 1 x 3, 2 x 2, 5 x 1 M abketten und in der 4. folgenden R nochmals 1 M abnehmen, dabei, wenn 26 R in Grau gestrickt sind, an der rechten Schulter in Blaugrün fortfahren. An der linken Schulter die äußeren 14 (15) M in Türkis stricken, die übrigen M in Blaugrün. Auf der Vorderseite der Arbeit stets 1 weitere M in Türkis arbeiten. In 64 cm Gesamthöhe, am Modell an der rechten Schulter mit der 12. blaugrünen R und an der linken Schulter mit der 11. türkisfarbenen R, 12 (14) M abketten und dann noch 2 x 13 M abketten.

Rücken: Wie das Vorderteil anfertigen, jedoch ohne den Halsausschnitt. Wenn die

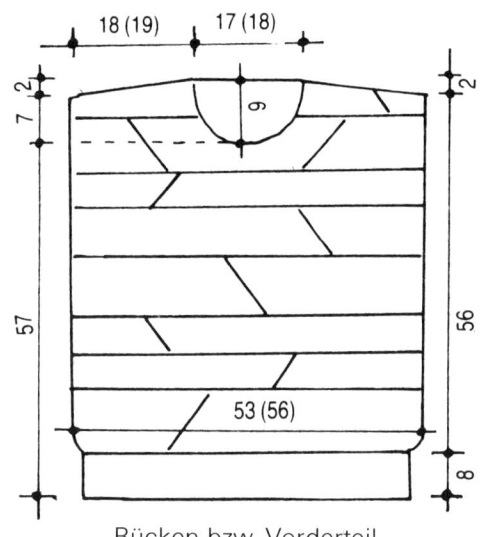

Rücken bzw. Vorderteil

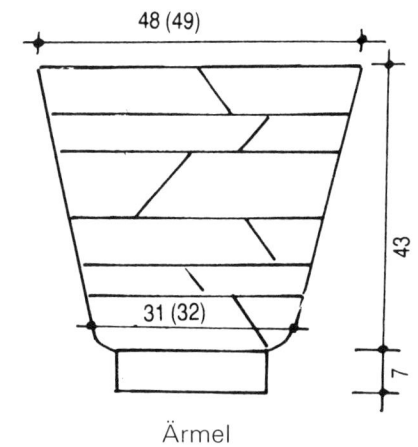

Ärmel

Schultern abgekettet sind, die restlichen 36 (38) M ebenfalls locker abketten.

Ärmel: 48 (50) M anschlagen und 7 cm im Bündchenmuster stricken. Im Strickmuster fortfahren, dabei in der 1.R verteilt 16 (18) M aufnehmen und gleichzeitig 12 M in Blau strikken, die übrigen M in Türkis. Stets auf der Vorderseite der Arbeit 1 weitere M in Blau arbeiten und dafür 1 M weniger in Türkis. An beiden Kanten 6 x im Abstand von 2,5 cm und 13 x im Abstand von 2 cm 1 M aufnehmen. Die aufgenommenen M in der Farbe der anschließenden Fläche arbeiten.

Nach 20 R die blauen M und noch 11 türkisfarbene M in Blaugrün stricken, die restlichen M in Hellblau. Stets auf der Vorderseite der Arbeit 1 weitere M in Blaugrün arbeiten. Wenn 14 R gestrickt sind, 13 M in Grün arbeiten und die restlichen M in Grau. Stets auf der Vorderseite der Arbeit 1 weitere M in Grün stricken. Nach 20 R die grünen M und noch 37 graue M in Blaugrün arbeiten, die restlichen M in Blau.

Auf der Vorderseite der Arbeit stets 1 M weniger in Blaugrün stricken und dafür 1 weitere M in Blau. Nach 26 R 39 M in Türkis arbeiten und die restlichen M in Hellblau. Stets auf der Vorderseite der Arbeit 1 M weniger in Türkis arbeiten und dafür 1 weitere M in Hellblau. Nach 16 R die türkisfarbenen M und 16 hellblaue M in Blau arbeiten, die übrigen M in Grün. Stets auf der Vorderseite der Arbeit 1 weitere M in Blau stricken und dafür 1M weniger in Grün. In 50 cm Gesamthöhe alle 102 (106) M abketten.

Fertigstellung: Teile nach Schnitt spannen und mit feuchten Tüchern bedeckt trocknen lassen. Anschließend Schulter-, Seiten- und Ärmelnähte schließen, dabei die Seitennähte entsprechend der Ärmelweite offenlassen. Dann mit dem Nadelspiel in Grau am Ausschnitt des Rückenteils 34 (36) M auffassen und am Vorderteil 60 (62) M. Im Bündchenmuster stricken und mit der 9.Rd ziemlich locker abketten. Ärmel einsetzen.

Größen 48 und 50/52

Bei unterschiedlichen Angaben: Größe 50/52 in Klammern.

Obere Weite des Modells 96 (100-104) cm, gesamte Länge 64 (64) cm, Ärmellänge 52 (52) cm.

Material: Jaeger Wolle, Qualität Mohair Cotton: 500 (550) g in Natur Nr. 730; Patons Wolle, Qualität Cotton Soft: 200 (250) g in Natur Nr. 1421; Qualität Moorland: 150 (200) g in Natur Nr. 6520. Je 1 Paar Stricknadeln Nr. 4½ und 5, 1 Rundstricknadel Nr. 4½, 70 cm lang.

Strickmuster I: Mit Nadeln Nr. 5 und Qualität Mohair Cotton im Krausmuster arbeiten = jede R rechte M.

Strickmuster II: Mit Nadeln Nr. 5 und Qualität Cotton Soft im Perlmuster arbeiten.
1. R: Abwechselnd 1 M rechts, 1 M links.
2. R: Abwechselnd 1 M links, 1 M rechts (Muster versetzen).
Die 1. und 2. R stets wiederholen.

Strickmuster III: Mit Nadeln Nr. 5 und Qualität Moorland im Patentmuster arbeiten.
1. R: Abwechselnd 1 M rechts, 1 M links.
2. R: 1 M rechts, 1 M links. Bei der Rechtsmasche sticht man immer 1 R tiefer, so daß sich die M der Vorreihe auflöst.
Die 2. R fortlaufend wiederholen.

Strickmuster IV: Mit Nadeln Nr. 5 glatt links = Hinreihe links, Rückreihe rechts.

Bündchenmuster: Mit Nadeln Nr. 4½ abwechselnd 2 M rechts, 2 M links (mit Randm., 1 M rechts beginnen).

Maschenprobe: 15 M und 29 R (Durchschnitt der Muster) bzw. 12 M und 18 R im Strickmuster IV = 10 x 10 cm. 15 (17) M und 29 (31) R (1 Quadrat) = 10 x 10 cm.

ARBEITSANLEITUNG

Rücken: 74 (84) M in Qualität Moorland anschlagen und ca. 4 cm im Bündchenmuster stricken. In der letzten R verteilt 3 M zunehmen, indem man die M verschränkt aus dem Querfaden herausstrickt = 77 (87) M. Nun mit Nadeln Nr. 5 weiterarbeiten und die M wie folgt einteilen:
Randm., 15 (17) M Strickmuster I, 15 (17) M Strickmuster II, 15 (17) M Strickmuster III, 15 (17) M Strickmuster I, 15 (17) M Strickmuster II, Randm. In dieser Mustereinteilung 30 (32) R stricken. Anschließend das Muster wie folgt versetzen:
Randm., 15 (17) M Strickmuster II, 15 (17) M Strickmuster III, 15 (17) M Strickmuster I, 15 (17) M Strickmuster II, 15 (17) M Strickmuster III, Randm. Ebenfalls 30 (32) R hoch stricken. Dann, wiederum 30 (32) R hoch, Randm., 15 (17) M Strickmuster III, 15 (17) M Strickmuster I, 15 (17) M Strickmuster II, 15 (17) M Strickmuster III, 15 (17) M Strickmuster I, Randm.
Diese drei Quadratreihen noch 1 x wiederholen, bis eine Gesamthöhe von ca. 64 cm erreicht ist. Danach alle M abketten.

Vorderteil: Wie das Rückenteil anfertigen.

Ärmel: 46 (50) M in Qualität Moorland anschlagen und ca. 6 cm im Bündchenmuster stricken. Danach in Qualität Mohair Cotton im Strickmuster IV weiterarbeiten. Für die Schräge beidseitig 12 x 1 (13 x 1) M in jeder 6. R zunehmen = 70 (76) M. In ca. 48 (52) cm Gesamthöhe alle M gerade abketten.

Fertigstellung: Fäden vernähen, Schulternähte schließen. Mit der Rundstricknadel aus dem Halsausschnitt 82 M auffassen und ca. 6 cm im Strickmuster III offen (= in R) stricken, M abketten. Kragen zusammennähen, zur Hälfte nach innen umschlagen und ansäumen. Ärmel einsetzen, Unterarm- und Seitennähte schließen.

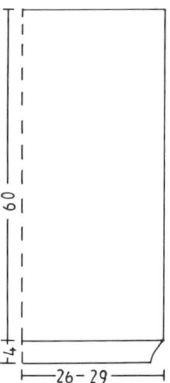

½ Rücken bzw. Vorderteil

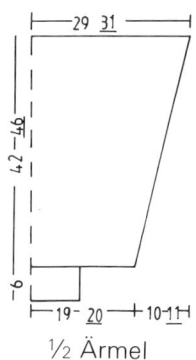

½ Ärmel

MODELL 11

KLASSISCH

Größe 48

Material: Austermann Wolle, Qualität Cablé Sport: je 350 g in Hellbraun Nr. 412 und Dunkelbraun Nr. 453; Qualität Daniela: 150 g in Meliert Nr. 612. 1 Paar Stricknadeln Nr. 4½, 1 Rundstricknadel Nr. 4½, 40 cm lang.

Strickmuster: Mit Nadeln Nr. 4½ glatt rechts = Hinr. rechts, Rückr. links nach den Strickschriften I und II Seite 144/145 arbeiten.
Die einfarbigen Flächen werden doppelfädig, die gemusterten Flächen mit 1 Faden Daniela und 1 Faden Cablé Sport gestrickt.

Bündchenmuster: Mit Nadeln Nr. 4½ abwechselnd 1 M rechts, 1 M links.

Maschenprobe: 18 M und 26 R im Strickmuster (doppelfädig) = 10 x 10 cm.

ARBEITSANLEITUNG

Rücken: 103 M in Dunkelbraun (doppelfädig) anschlagen und 6 cm im Bündchenmuster arbeiten. Anschließend im Strickmuster fortfahren. In 61 cm Gesamthöhe alle M abketten.

Vorderteil: Wie das Rückenteil beginnen, jedoch in 16 cm Gesamthöhe nach Strickschrift I weiterarbeiten. In 51 cm Gesamthöhe für den Halsausschnitt die mittleren 7 M abketten und beide Ausschnitthälften getrennt, der Strickschrift entsprechend, beenden. Die verbleibenden M in 61 cm Gesamthöhe des Pullovers abketten. Die zweite Ausschnitthälfte gegengleich arbeiten.

Linker Ärmel: 44 M in Hellbraun anschlagen und 6 cm im Bündchenmuster stricken. Im Strickmuster fortfahren und für die Armerweiterung nach 9 R beidseitig 23 x 1 M in jeder 5. R zunehmen = insgesamt 90 M. Nach Strickschrift II stricken.

Rechter Ärmel: Gegengleich zum linken Ärmel nach Strickschrift II arbeiten.

Fertigstellung: Teile nach Schnitt spannen und mit feuchten Tüchern bedeckt trocknen lassen. Seiten-, Schulter- und Ärmelnähte schließen, Ärmel einsetzen. Aus dem Halsausschnitt in Dunkelbraun mit der Rundstricknadel von rechts ca. 110 M herausstricken und 4 cm im Bündchenmuster arbeiten. M abketten. Blende zur Hälfte nach innen umschlagen und festheften.

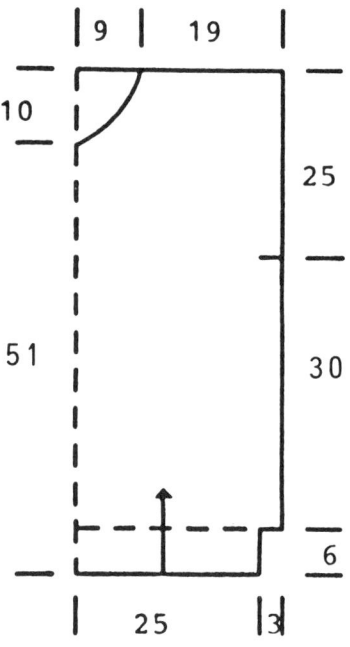

½ Rücken bzw. Vorderteil

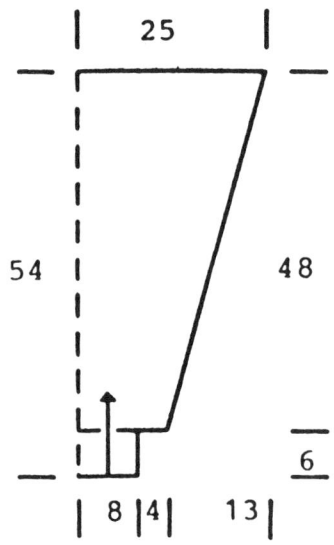

½ Ärmel

Größen 46, 48 und 50/52
Bei unterschiedlichen Angaben: Größen 48 und 50/52 in Klammern.
Obere Weite des Modells 102 (106/112) cm, gesamte Länge 69 (71/71) cm.

Material: H.E.C. Wolle, Qualität aarlan arwetta, dekatiert. 360 (400/440) g in Ecru Nr. 104, je 220 (250/280) g in Hellgrau Nr. 3 und Grau Nr. 4, 80 (100/120) g in Dunkelgrau Nr. 5. Je 1 Paar Stricknadeln Nr. 3½ und 4½, je 1 Nadelspiel Nr. 3½ und 4.

Strickmuster: Mit Nadeln Nr. 4½ und doppeltem Faden arbeiten.
1. R (Hinr.): Randm, * 1 M rechts, 1 M links, ab * wiederholen. Mit 1 M links, Randm. enden.
2. R (Rückr.): Randm., * 1 M rechts, 1 M links abheben, dabei den Faden als Umschlag über die Nadel legen, ab * wiederholen.
3. R (Hinr.): Randm., * die M mit dem darüberliegenden Umschlag rechts zusammenstricken, 1 M links, ab * wiederholen.
Die 2. und 3. R fortlaufend wiederholen.

Streifenfolge: Bis 17 (17,5/17,5) cm Gesamthöhe je einen Faden in Dunkelgrau und einen Faden in Grau zusammen verarbeiten, dann je 17 (17,5/17,5) cm einen Faden in Grau und einen Faden in Hellgrau, anschließend einen Faden in Hellgrau und einen Faden in Ecru. Weiter mit 2 Fäden in Ecru stricken.

Bündchenmuster: Mit Nadeln Nr. 3½ abwechselnd 1 M rechts, 1 M links. Am unteren Bund und an den Ärmeln je einen Faden in Dunkelgrau und einen Faden in Grau verarbeiten, am Halsbündchen 2 Fäden in Ecru.

Maschenprobe: 20 M und 41 R im Strickmuster = 10 x 10 cm.

ARBEITSANLEITUNG

Rücken: 84 (88/92) M anschlagen und 7 cm im Bündchenmuster stricken. Anschließend die Streifen im Strickmuster arbeiten, dabei in der 1. R verteilt 20 (20/22) M aufnehmen = 104 (108/114) M. In 44 (45/44,5) cm Gesamthöhe für den Armausschnitt beidseitig 5 (5/6) M abketten = 94 (98/102) M. In 23 (24/24,5) cm ab Armausschnitt für die Schulter beidseitig 2 x 15 (1 x 15 und 1 x 16/1 x 16 und 1 x 17) M abketten. Die restlichen 34 (36/36) M locker abketten.

Vorderteil: Wie das Rückenteil anfertigen, jedoch 16 (17/17,5) cm ab Armausschnitt für den Halsausschnitt die mittleren 8 (10/10) M locker abketten und beidseitig davon 1 x 3, 2 x 2 und 6 x 1 M abketten.

Ärmel: 44 (44/46) M anschlagen und 7 cm im Bündchenmuster stricken. Anschließend die Streifen im Strickmuster arbeiten, dabei in der 1. R verteilt 16 (18/18) M aufnehmen = 60 (62/64) M. An beiden Kanten 2 x im Abstand von 3,5 cm und 12 x von 3 cm (11 x im Abstand von 3 cm und 4 x von 2,5 cm/10 x im Abstand von 3 cm und 5 x von 2,5 cm) 1 M aufnehmen = 88 (92/94) M. Gerade fortfahren. In 52,5 cm Gesamthöhe ziemlich locker abketten.

Fertigstellung: Teile nach Schnitt spannen und mit feuchten Tüchern bedeckt trocknen lassen. Nähte schließen, dabei an den Ärmeln die oberen 2,5 (2,5/3) cm offenlassen. Am Ausschnitt des Rückenteils mit dem Nadelspiel Nr. 3½ 34 (36/36) M, am Vorderteil 68 (72/72) M auffassen und 8 cm im Bündchenmuster arbeiten. Dann 10 cm mit dem Nadelspiel Nr. 4 stricken und zuletzt nochmals 6 cm mit dem Nadelspiel Nr. 3½. Alle M locker abketten. Den Kragen 2 x nach außen umschlagen, Ärmel einsetzen.

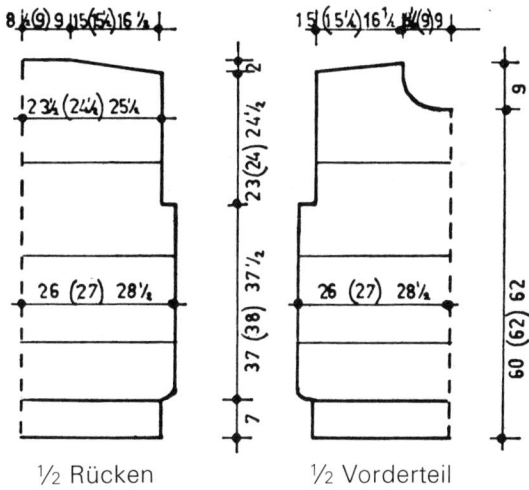

½ Rücken   ½ Vorderteil

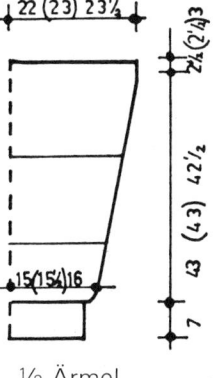

½ Ärmel

Größen 48/50 und 52

Bei unterschiedlichen Angaben: Größe 52 in Klammern.

Material: Hübner Wolle, Qualität combo, 750 (800) g in Ecru Nr. 2. Je 1 Paar Stricknadeln Nr. 4 und 4½, 1 Rundstricknadel Nr. 4, 40 cm lang, 1 Zopfnadel.

Strickmuster: Mit Nadeln Nr. 4½ die Hinr. nach Strickschrift Seite 144/145 arbeiten.

In den Rückreihen die M stricken, wie sie erscheinen, dabei die rechts verschränkten M der Vorreihe links abstricken. Die einzelnen Muster fortlaufend wiederholen.

Für Größe 52 das Muster beidseitig um je 2 M links erweitern.

Bündchenmuster: Mit Nadeln Nr. 4 abwechselnd 1 M rechts, 1 M links.

Maschenprobe: 19 M und 22 R = 10 x 10 cm.

ARBEITSANLEITUNG

Rücken: 80 (84) M anschlagen und 7 cm im Bündchenmuster arbeiten. Anschließend mit Nadeln Nr. 4½ 2 R glatt rechts stricken (Hinr. rechts, Rückr. links), dabei in der 1. R verteilt 21 M zunehmen = 101 (105) M. Nach der Strickschrift weiterarbeiten. In 67 cm Gesamthöhe für den Halsausschnitt die mittleren 29 (31) M abketten und beidseitig 1 x 6 M abnehmen. Für die Schulter beidseitig 1 x 30 (31) M abketten.

Vorderteil: Wie das Rückenteil anfertigen, jedoch in 63 cm Gesamthöhe für den Halsausschnitt die mittleren 11 (13) M abketten und für die Rundung beidseitig in jeder 2. R 1 x 5, 2 x 4 und 1 x 2 M abnehmen.

Ärmel: 38 (40) M anschlagen und 7 cm im Bündchenmuster arbeiten. Mit Nadeln Nr. 4½ 2 R glatt rechts stricken, dabei in der 1. R verteilt 21 M zunehmen = 59 (61) M. Nach der Strickschrift weiterarbeiten und das Muster von der Mitte aus einteilen. Für die Ärmelweite beidseitig in jeder 6. R 15 (16) x 1 M zunehmen, dabei die zugenommenen M dem Musterrhythmus angleichen. In 54 cm Gesamthöhe alle 89 (93) M abketten.

Fertigstellung: Schulter- und Seitennähte bis auf die oberen 23 (24) cm schließen. Mit der Rundstricknadel aus dem Halsausschnitt 88 (90) M aufnehmen und die Ausschnittblende im Bündchenmuster 3 cm hoch in Rd stricken. Die M im Maschenrhythmus abketten. Ärmelnähte schließen und Ärmel einnähen.

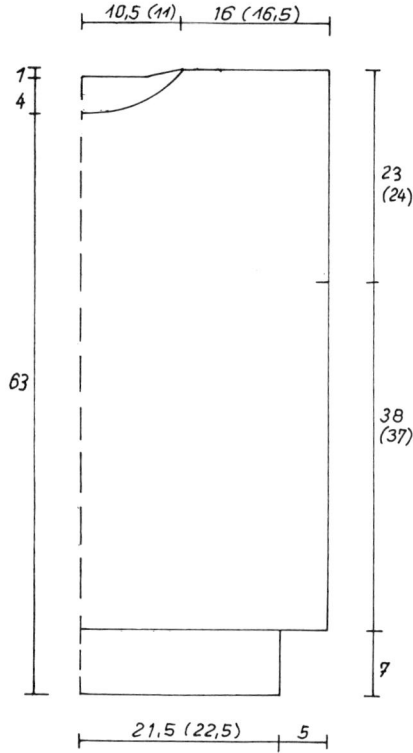

½ Rücken bzw. Vorderteil

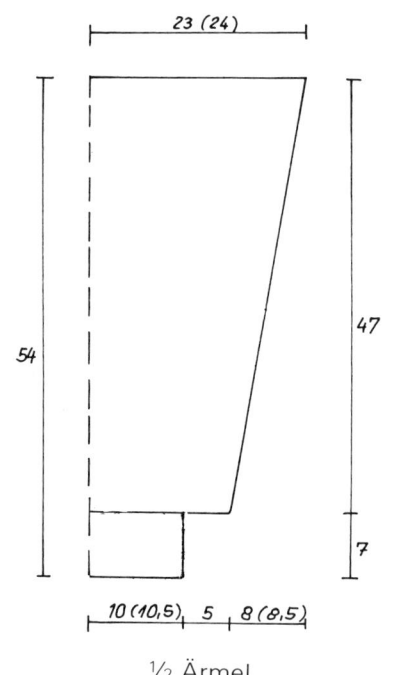

½ Ärmel

Größen 46, 48 und 50
Bei unterschiedlichen Angaben: Größen 48 und 50 in Klammern.
Obere Weite des Modells 106 (114/118) cm, gesamte Länge 67 (68/69) cm.

Material: H.E.C. Wolle, Qualität aarlan royaltweed, 660 (700/740) g in Braun Nr.1329.
Je 1 Paar Stricknadeln Nr.3½ und 4½, 1 Hilfsnadel, 1 Häkelnadel, 1 teilbarer Reißverschluß, 60 cm lang.
Strickmuster: Mit Nadeln Nr.4½ nach der Strickschrift Seite 146 arbeiten.
Die Grundfläche im Perlmuster stricken, d.h. 1 M links, 1 M rechts in jeder R versetzen. Ein Rapport geht über 34 M.
Bündchenmuster: Mit Nadeln Nr.3½ arbeiten.
Rückreihe: Randm., 1 M rechts, 1 M links, 1 M rechts (Randm., 7 M 1 M rechts, 1 M links/ Randm., 1 M rechts, 1 M links, 1 M rechts). Weiter * 4 M links, 7 M 1 M rechts, 1 M links, ab * wiederholen.
Hinreihe: Rechts auf rechts, links auf links. In jeder 4.R auf der Vorderseite der Arbeit bei den 4 rechten M 2 M auf eine Hilfsnadel nach vorne legen, 2 M rechts, dann die 2 M von der Hilfsnadel rechts abstricken.
Maschenprobe: 23 M und 28 R im Strickmuster = 10 x 10 cm.

Rechtes Vorderteil: 59 (63/66) M anschlagen und 8 cm im Bündchenmuster stricken. Anschließend mit einer Rückr. beginnend im Strickmuster weiterarbeiten, dabei verteilt 5 (5/4) M aufnehmen. Das Muster beginnt nach der Randm. in der Strickschrift über A (über B/ über C). Die R endet für alle drei Größen vor der Randm., wie in der Strickschrift entsprechend angegeben.
Ebenso beginnt die Hinr. nach der Randm. wie angegeben. Für die Größen 46 und 48 ist an der seitlichen Kante zuerst nur Perlmuster. In der 15. (7.) R werden nach der Randm. 2 M abgehoben. Am Ende der 16. (8.) R vor der Randm. die M wie in der Strickschrift angegeben verkreuzen usw.
Nach der 44. R die schrägen Linien weiterführen. In der 57. R über den mittleren 8 M zwischen den schrägen Linien je einen Zopfstreifen mit 1 M rechts, 6 M links, 1 M rechts beginnen. Die 66. R wird wie die 2.R gearbeitet usw. In 41 (40/41) cm Gesamthöhe für den Armausschnitt 1 x 4 (5/6), 1 x 2 und 3 x 1 M abketten = 55 (58/59) M. In 18 (19/18) cm ab Armausschnitt für den Halsausschnitt 1 x 9, 1 x 3, 1 x 2, 4 (5/5) x 1 M abketten und noch 2 x in jeder 4.R 1 M abnehmen. In 24 (26/26) cm ab Armausschnitt für die

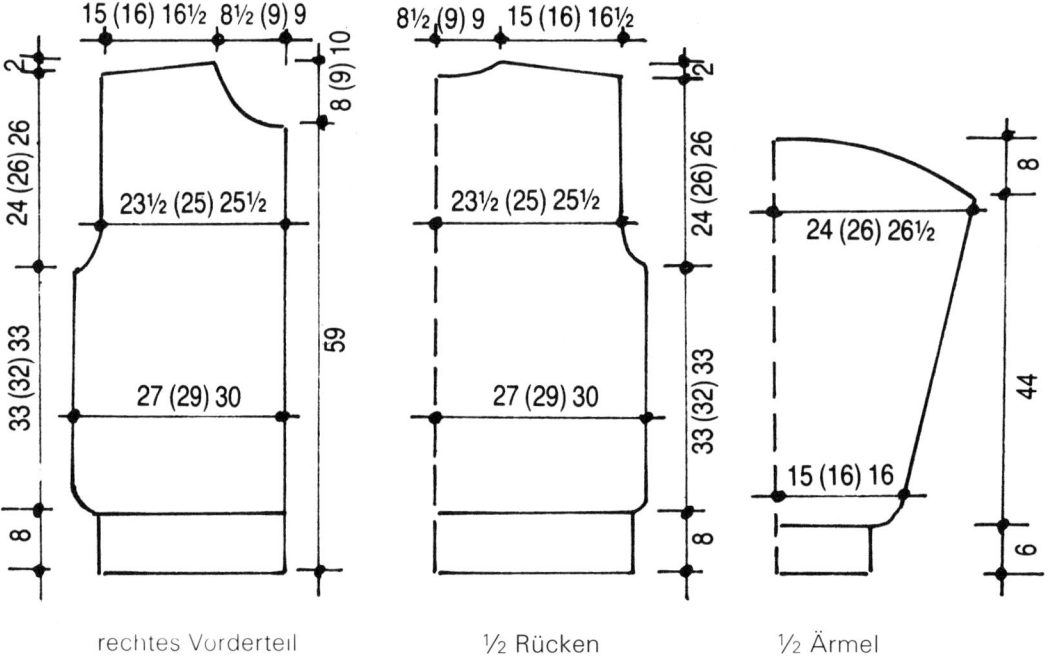

rechtes Vorderteil   ½ Rücken   ½ Ärmel

Schulter 1 x 11 und 2 x 12 (2 x 12 und 1 x 13/1 x 12 und 2 x 13) M abketten.

Linkes Vorderteil: Gegengleich anfertigen. Das Bündchenmuster beginnt auf der Rückseite der Arbeit nach der Randm. mit 6 (6/2) M 1 M links, 1 M rechts, 4 M links. Beim Strickmuster beginnt die 1. R auf der Rückseite der Arbeit nach der Randm. mit 2 M abheben und endet vor der Randm. über A (B/C) in der Strickschrift.

Rücken: 111 (119/122) M anschlagen und 8 cm im Bündchenmuster stricken. Anschließend, in einer Rückr. beginnend, im Strickmuster weiterarbeiten, dabei verteilt 15 (15/16) M aufnehmen und das Muster nach der Randm. über A (B/C) der Strickschrift beginnen. Das Muster endet gegengleich. Armausschnitt und Schulter an beiden Kanten wie am Vorderteil arbeiten, dabei mit Beginn der Schultern gleichzeitig für den Halsausschnitt die mittleren 32 (34/34) M abketten und beidseitig davon 1 x 2 und 1 x 1 M abketten.

Ärmel: 49 (53/53) M anschlagen und 6 cm im Bündchenmuster arbeiten. Die Rückseite der Arbeit mit Randm., 5 (7/7) M 1 M rechts, 1 M links, 4 M links beginnen. Anschließend, in einer Rückr. beginnend, im Strickmuster fortfahren, dabei verteilt 21 M aufnehmen und das Muster so beginnen, daß die Mitte wie in der Strickschrift durch den Pfeil bezeichnet liegt. An beiden Kanten 18 (12/9) x im Abstand von 2 cm und 4 (12/ 16) x im Abstand von 1,5 cm 1 M aufnehmen = 114 (122/124) M.

In 50 cm Gesamthöhe an beiden Kanten 10 x 5 M abketten, dann die restlichen 14 (22/24) M ebenfalls abketten.

Fertigstellung: Teile nach Schnitt spannen und mit feuchten Tüchern bedeckt trocknen lassen. Anschließend Schulter-, Seiten- und Ärmelnähte schließen, dabei die Seitennähte entsprechend der Ärmelweite offenlassen. Um den Halsausschnitt an den Vorderteilen je 29 (32/34) M auffassen und am Rückenteil 37 (42/41) M. Im Bündchenmuster arbeiten, dabei die Rückr. mit Randm., 6 (6/2) M 1 M links, 1 M rechts, 4 M links, 7 M 1 M rechts, 1 M links beginnen. In der 20. R locker abketten. Mit der Häkelnadel an den vorderen Kanten 1 R fester M häkeln. Am unteren Bund und am Halsbündchen die Randm. nach innen einbiegen und über die anschließenden M häkeln. Den Reißverschluß bis zur halben Höhe des Halsbündchens sorgfältig einsetzen. Die zweite Hälfte nach innen umschlagen und ansäumen. Ärmel einsetzen.

VIEL STRUKTUR

Größen 46, 48 und 50

Bei unterschiedlichen Angaben: Größen 48 und 50 in Klammern.
Obere Weite des Modells 100 (106/110) cm, gesamte Länge 69 (72/72) cm.

Material: H.E.C. Wolle, Qualität aarlan royal, 580 (640/680) g in Türkis Nr. 4285. Je 1 Paar Stricknadeln Nr. 3 und 4, 1 Nadelspiel Nr. 3.
Strickmuster: Mit Nadeln Nr. 4 nach der Strickschrift Seite 142 arbeiten. Ein Rapport ist 34 M breit und 34 R hoch.
Bündchenmuster: Mit Nadeln Nr. 3 abwechselnd 1 M rechts, 1 M links.
Maschenprobe: 22 M und 34 R im Strickmuster = 10 x 10 cm.

ARBEITSANLEITUNG

Rücken: 88 (90/100) M anschlagen und 7 cm im Bündchenmuster arbeiten. Im Strickmuster nach der Strickschrift fortfahren, dabei in der 1. R verteilt 25 (29/25) M aufnehmen = 113 (119/125) M. Das Muster von der Mitte aus zu beiden Seiten hin einteilen. Die 1. R beginnt mit Randm., 8 M 1 M rechts, 1 M links, * 4 M rechts, 7 M 1 M links, 1 M rechts, 5 M rechts, 7 M 1M links, 1 M rechts, 4 M rechts, 7 M 1 M links, 1 M rechts (Randm., * 4 M rechts, 7 M 1 M links, 1 M rechts, 4 M rechts, 7 M 1 M links, 1 M rechts, 5 M rechts, 7 M 1 M links, 1 M rechts/Randm., 3 M 1 M links, 1 M rechts, * 4 M rechts, 7 M 1 M links,

1 M rechts, 4 M rechts, 7 M 1 M links, 1 M rechts, 5 M rechts, 7 M 1 M links, 1 M rechts). Für alle drei Größen ab * wiederholen. Die Kanten bleiben gerade.
In 67 (70/70) cm Gesamthöhe für die Schulter beidseitig 3 x 12 (3 x 13/1 x 13 und 2 x 14) M abketten. Die restlichen 41 (41/43) M locker abketten.
Vorderteil: Wie das Rückenteil anfertigen, jedoch in 60 (63/63) cm Gesamthöhe für den Halsausschnitt die mittleren 9 (9/11) M locker abketten und beidseitig davon 1 x 3, 2 x 2 und 9 x 1 M abketten.
Ärmel: 50 (50/52) M anschlagen und 6 cm im Bündchenmuster stricken. Im Strickmuster nach der Strickschrift fortfahren, dabei in der 1. R verteilt 19 (21/19) M aufnehmen = 69 (71/71) M. Das Muster von der Mitte aus zu beiden Seiten hin einteilen. An beiden Kanten 10 x im Abstand von 2,5 cm und 9 (10/10) x im Abstand von 2 cm 1 M aufnehmen = 107 (111/111) M. In 51 (53/53) cm Gesamthöhe beidseitig 5 x 9 (10/10) M abketten. Die restlichen 17 (11/11) M ebenfalls abketten.
Fertigstellung: Teile nach Schnitt spannen und mit feuchten Tüchern bedeckt trocknen lassen. Nähte schließen, dabei die Seitennähte entsprechend der Ärmelweite offenlassen. Am Ausschnitt des Rückenteils mit dem Nadelspiel 42 (42/44) M auffassen und am Vorderteil 60 (62/64) M. Im Bündchenmuster stricken. In der 22. Rd locker abketten und die Hälfte des Bündchens nach innen säumen. Ärmel einsetzen.

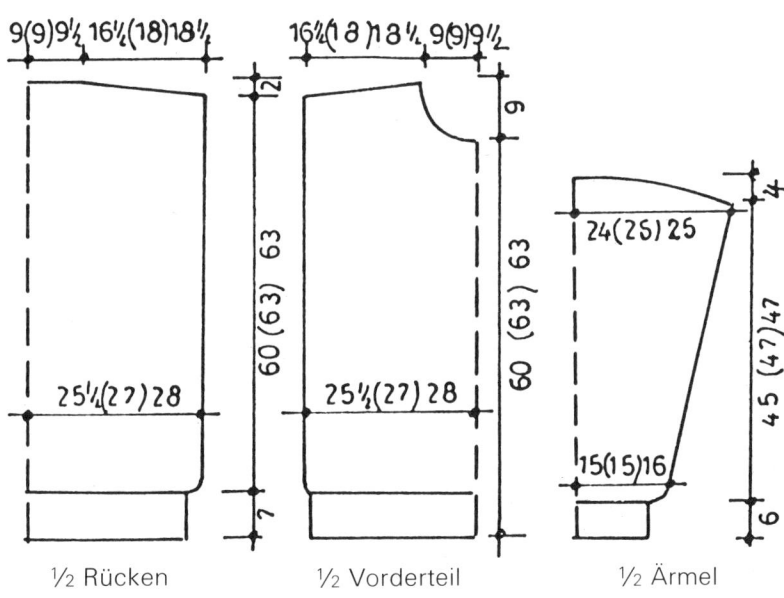

½ Rücken   ½ Vorderteil   ½ Ärmel

Größen 48 und 50/52

Bei unterschiedlichen Angaben: Größe 50/52 in Klammern.
Obere Weite des Modells 104 (110) cm, gesamte Länge 67 (69) cm.

Material: Schaffhauser Wolle, Qualität Lambswool, 270 (ca. 300) g in Olive Nr. 41, 80 (ca. 100) g in Marine Nr. 44, je 60 (ca. 80) g in Türkis Nr. 58 und Bordeaux Nr. 45.
1 Paar Stricknadeln Nr. 2½, 1 Paar Stricknadeln ohne Köpfchen Nr. 3 (oder eine Rundstricknadel Nr. 3).
Dieses Modell kann ebenso in der Qualität Soirée (etwas mehr Verbrauch) nachgearbeitet werden.

Strickmuster: Mit den Nadeln ohne Köpfchen Nr. 3 (oder mit der Rundstricknadel Nr. 3) im zweifarbigen Patentmuster arbeiten.
1. R (Hinr.) in Olive: Randm., * 1 M rechts, 1 M links abheben, dabei den Faden über die Nadel legen, ab * stets wiederholen.
2. R (Hinr.) in Marine: Randm., * 1 M links abheben wie in der 1. R, die abgehobene M mit dem darüberliegenden Umschlag rechts zusammenstricken, ab * stets wiederholen.
3. R (Rückr.) in Olive: Randm., * die abgehobene M mit dem Umschlag links zusammenstricken, 1 M links abheben, ab * stets wiederholen.
4. R (Rückr.) in Marine: Randm., * 1 M links abheben, die abgehobene M mit dem Umschlag links zusammenstricken, ab * stets wiederholen.
5. R (Hinr.) in Olive: Randm., * die abgehobene M mit dem Umschlag rechts zusammenstrikken, 1 M links abheben, ab * stets wiederholen.
Die 2. - 5. R stets wiederholen, dabei die Farben wie folgt wechseln:
* 6 cm Olive/Marine, 6 cm Olive/Türkis (dabei Türkis anstelle von Marine verwenden), 6 cm Olive/Bordeaux (dabei Bordeaux anstelle von Türkis verwenden). Ab * stets wiederholen.
Die olivefarbenen M sind somit über die ganze Länge fortlaufend.

Bündchenmuster: Mit Nadeln Nr. 2½ abwechselnd 2 M rechts, 2 M links.

Maschenprobe: 20 M im Strickmuster = 10 cm Breite.

ARBEITSANLEITUNG

Rücken: 134 (142) M in Olive anschlagen und 8 cm im Bündchenmuster stricken, dabei in der letzten R (Rückr.) verteilt 27 (29) M abnehmen = 107 (113) M. Im Strickmuster weiterarbeiten. Die Seitennähte bleiben gerade. In 65 (67) cm Gesamthöhe für die Schulterschräge beidseitig stets am Anfang der R 1 x 6, 4 x 7 (3 x 7, 2 x 8) M abketten und gleichzeitig mit

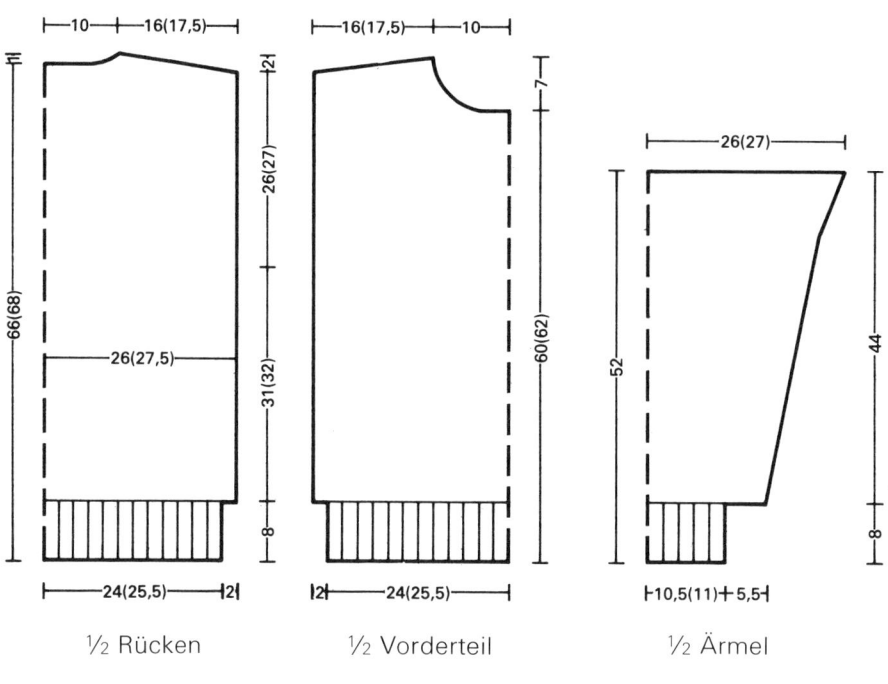

½ Rücken   ½ Vorderteil   ½ Ärmel

der 3. Abschrägung für den Halsausschnitt die mittleren 27 M, dann beidseitig davon noch 1 x 4 und 2 x 1 M abketten.

Vorderteil: Wie das Rückenteil anfertigen, jedoch in 60 (62) cm Gesamthöhe für den Halsausschnitt die mittleren 11 M, dann beidseitig davon noch 5, 4, 2, 1, 1, 0, 1 M abketten.

Ärmel: 58 (62) M in Olive anschlagen und 8 cm im Bündchenmuster stricken, dabei in der letzten R verteilt 9 (7) M aufnehmen = 67 (69) M. Im Strickmuster weiterarbeiten. Beidseitig 11 x im Abstand von 3 cm und 9 (10) x im Abstand von 1 cm = jede 6.R 1 M aufnehmen = 107 (111) M. In 52 cm Gesamthöhe alle M abketten.

Kragen: 168 M in Olive anschlagen und im Bündchenmuster arbeiten, dabei für die Run-

dung beidseitig stets am Anfang der R wie folgt M abketten: 0, 0, 0, 1, 0, 1, 0, 1, 0, 1, 1, 2, 2, 4 M. 2 R ohne Abnahmen darüberstricken. Weiter beidseitig stets am Ende der R 4, 2, 2, 1, 1, 0, 1, 0, 1, 0, 1, 0, 0, 0 M hinzu anschlagen, dann die M locker abketten.

Fertigstellung: Schulter-, Seiten- und Ärmelnähte schließen, dabei bei den Seitennähten ab dem Taillenbündchen 1½ M tief stechen und die oberen 26 (27) cm für den Armausschnitt offenlassen. Ärmel einsetzen. Den Kragen in der Hälfte zusammenlegen, die Naht der beiden Rundungen schließen. Den Kragen von der vorderen Mitte aus bis zur vorderen Mitte hin um den Halsausschnitt verstürzen, dabei vorne die linke Rundung ca. 5 cm über die rechte Rundung legen.

Größen 46, 48/50 und 52

Bei unterschiedlichen Angaben: Größen 48/50 und 52 in Klammern.
Obere Weite des Modells 106 (110/116) cm, gesamte Länge 72 (72/74) cm.

Material: H.E.C. Wolle, Qualität aarlan polo. 700 (720/760) g in Grau Nr. 3804.
Je 1 Paar Stricknadeln Nr. 3–3½ und 4–4½, 1 Nadelspiel Nr. 3 – 3½, 1 Hilfsnadel.
Strickmuster I: Mit Nadeln Nr. 4–4½ glatt rechts = Hinreihe rechts, Rückreihe links.
Strickmuster II: Mit Nadeln Nr. 4–4½ nach der Strickschrift Seite 142 arbeiten.
Bündchenmuster: Mit Nadeln Nr. 3–3½ abwechselnd 2 M rechts, 2 M links.
Maschenprobe: 22 M und 27 R im Strickmuster I = 10 x 10 cm.

ARBEITSANLEITUNG

Rücken: 94 (98/106) M anschlagen und 8 cm im Bündchenmuster stricken. Im Strickmuster I weiterarbeiten, dabei in der 1. R verteilt 24 M zunehmen = 118 (122/130) M. Nach 17 (17/18) cm im Strickmuster II fortfahren, dabei das Muster wie folgt einteilen:
Für Größe 46 ergeben sich 9 ganze Rapporte und beidseitig außen 4 M links, Randm. Für Größe 48/50 sind es genau 10 Rapporte und für Größe 52 ergeben sich 10 ganze Rapporte und beidseitig außen 4 M links, Randm. Nach der letzten R der Strickschrift im Strickmuster I weiterarbeiten. In 70 (70/72) cm Gesamthöhe für die Schultern beidseitig in jeder 2. R 2 x 13, 1 x 14 (3 x 14/ 3 x 15) M abketten. Die restlichen 38 (38/40) M für den Halsausschnitt gerade abketten.
Vorderteil: Wie das Rückenteil anfertigen, jedoch in 63 (63/64) cm Gesamthöhe für den Halsausschnitt die mittleren 16 (16/18) M abketten. Für die Rundung beidseitig davon in jeder 2. R 1 x 4, 1 x 3, 1 x 2, 1 x 1, 1 x 0, 1 x 1 M abketten.
Ärmel: 54 (54/58) M anschlagen und 7 cm im Bündchenmuster stricken. Im Strickmuster I weiterarbeiten, dabei in der 1. R verteilt 14 (18/18) M aufnehmen = 68 (72/76) M. An beiden Kanten noch zusätzlich im Abstand von 3 cm 13 x 1 M und im Abstand von 1,5 cm 3 x 1 M (im Abstand von 3 cm 13 x 1 M und im Abstand von 1,5 cm 3 x 1 M/ im Abstand von 2,5 cm 15 x 1 M und im Abstand von 1,5 cm 4 x 1 M) aufnehmen = 100 (104/114) M. In 52 cm Gesamthöhe alle M locker abketten.

Fertigstellung: Teile nach Schnitt spannen und mit feuchten Tüchern bedeckt trocknen lassen. Nähte schließen, dabei die Seitennähte entsprechend der Ärmelweite offenlassen. Für den Halsabschluß mit dem Nadelspiel am Rückenteil 38 (38/40) M und am Vorderteil 62 (66/72) M auffassen und im Bündchenmuster in Rd arbeiten. Nach 4,5 cm alle M locker abketten. Das Bündchen zur Hälfte nach innen schlagen und annähen, Ärmel einsetzen.

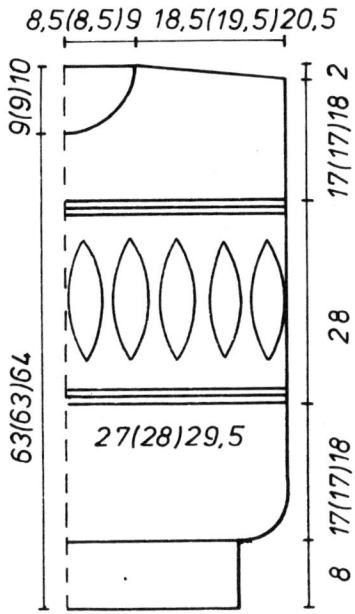

8,5 (8,5) 9 18,5 (19,5) 20,5
9/9/10
17 (17) 18   2
28
63/63/64
27 (28) 29,5
17 (17) 18
8

½ Rücken bzw. Vorderteil

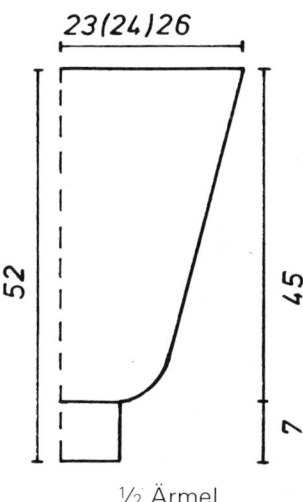

23 (24) 26
52
45
7

½ Ärmel

Pullunder

Größen 46, 48 und 50/52

Bei unterschiedlichen Angaben: Größen 48 und 50/52 in Klammern.
Obere Weite des Modells 102 (106/110) cm, gesamte Länge 66 (68/69) cm.

Material: H.E.C. Wolle, Qualität aarlan arwetta, dekatiert. 220 (250/290) g in Oliv Nr. 36 und 170 (200/230) g in Dunkelblau Nr. 99. Je 1 Paar Stricknadeln Nr. 2 und 2½-3, je 1 Nadelspiel Nr. 2 und 2½.

Strickmuster: Mit Nadeln Nr. 2½-3 glatt rechts = Hinreihe rechts, Rückreihe links. Das Jacquardmuster nach der Strickschrift arbeiten, dabei den nicht benötigten Faden auf der Rückseite der Arbeit locker mitführen, damit die Strickfläche elastisch bleibt. Ein Rapport ist 6 M breit. Die 1.-10.R stets wiederholen.

Bündchenmuster: Mit Nadeln Nr. 2 in Oliv abwechselnd 2 M rechts, 2 M links.

Maschenprobe: 34 M und 34 R im Strickmuster = 10 x 10 cm.

ARBEITSANLEITUNG

Rücken: 134 (138/146) M in Oliv anschlagen und 7 cm im Bündchenmuster arbeiten. Auf der Rückseite der Arbeit mit Randm., 2 M rechts beginnen. Im Strickmuster fortfahren, dabei das Jacquardmuster nach der Randm. wie bei der Strickschrift angegeben beginnen und in der 1.R verteilt 45 (47/45) M aufnehmen = 179 (185/191) M.

In 40 (41/41) cm Gesamthöhe für den Armausschnitt beidseitig 1 x 8, 1 x 5, 1 x 3, 1 (1/2) x 2, 2 (2/1) x 1 M abketten und in der 4. folgenden R nochmals 1 M abnehmen = 137 (143/147) M. 24 (25/26) cm ab Armausschnitt für die Schulter beidseitig 1 x 11 und 2 x 12 (2 x 12 und 1 x 13/3 x 13) M abketten. Die restlichen 67 (69/69) M locker abketten.

Vorderteil: Wie das Rückenteil anfertigen, jedoch, wenn bis zur Rückenhöhe noch 10 cm fehlen, für den Halsausschnitt die mittleren 27 (29/29) M locker abketten und beidseitig davon 1 x 6, 1 x 4, 1 x 3, 2 x 2, 2 x 1 M abketten. Dann in der 4. folgenden R nochmals 1 M abnehmen.

Fertigstellung: Teile nach Schnitt spannen und sorgfältig dämpfen. Nähte schließen. Mit dem Nadelspiel Nr. 2½ in Oliv um die Armausschnitte je 140 (144/152) M auffassen und abwechselnd 2 M rechts, 2 M links stricken. Nach 6 Rd zum Nadelspiel Nr. 2 wechseln und weitere 14 Rd arbeiten, dann nochmals 6 Rd mit dem Nadelspiel Nr. 2½ stricken. Mit der letzten Rd gleichzeitig locker abketten und die Hälfte der Blende nach innen säumen. Anschließend um den Halsausschnitt ebenfalls eine Blende arbeiten, dafür am Rückenteil 66 (68/68) M auffassen und am Vorderteil 90 (92/92) M.

```
-V-V-V-V-V-V-V-V-V-V-  10.
V-V-V-V-V-V-V-V-V-V-V
-V-V-V-V-V-V-V-V-V-V-
VVV---VVV---VVV---VVV
VVV---VVV---VVV---VVV
-V-V-V-V-V-V-V-V-V-V-
V-V-V-V-V-V-V-V-V-V-V
-V-V-V-V-V-V-V-V-V-V-
VVV---VVV---VVV---VVV
VVV---VVV---VVV---VVV  1.
```

V = 1 M in Dunkelblau
– = 1 M in Oliv

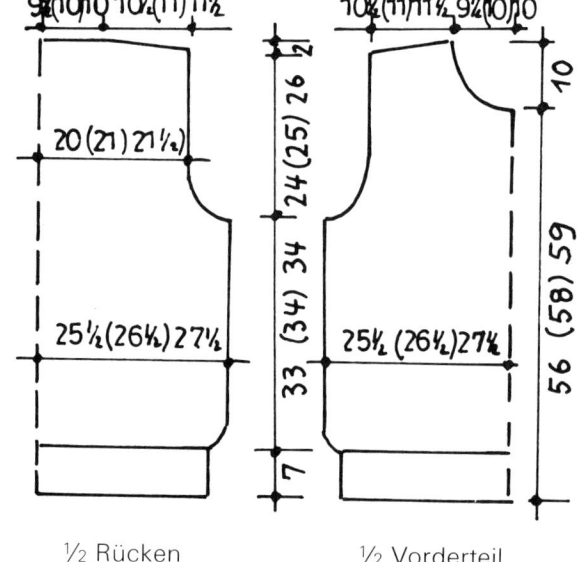

½ Rücken   ½ Vorderteil

Socken (auf der Abb. rechts)

Schuhgröße 40/42

Material: H.E.C. Wolle, Qualität aarlan arwetta, dekatiert, 60 g in Oliv Nr. 36 und 40 g in Dunkelblau Nr. 99. Je 1 Nadelspiel Nr. 2–2½ und 2½–3.

Strickmuster I: Mit dem Nadelspiel Nr. 2½–3 in der Rd rechts stricken. Das Jacquardmuster nach der Strickschrift Seite 40 arbeiten. Den nicht benötigten Faden auf der Rückseite der Arbeit locker mitführen, damit die Strickfläche elastisch bleibt. Ein Rapport ist 6 M breit. Die 1.–10. R fortlaufend wiederholen.

Strickmuster II: Mit dem Nadelspiel Nr. 2½–3 in der Rd rechts stricken, dabei abwechselnd 4 Rd 3 M in Oliv, 3 M in Dunkelblau arbeiten und 4 Rd 3 M in Dunkelblau, 3 M in Oliv. Den nicht benötigten Faden auf der Rückseite der Arbeit locker mitführen.

Bündchenmuster: Mit dem Nadelspiel Nr. 2–2½ abwechselnd 2 M rechts, 2 M links.

Maschenprobe: 34 M und 34 Rd im Strickmuster I und II = jeweils 10 x 10 cm.

ARBEITSANLEITUNG

60 (60/64) M in Oliv anschlagen und 6 cm im Bündchenmuster stricken. Im Strickmuster I fortfahren, dabei in der 1. R verteilt 12 (12/8) M aufnehmen = 72 M. Ca. 21 cm ab Anschlag,

wenn zuletzt 2 Rd 3 M in Dunkelblau, 3 M in Oliv gestrickt sind, die M für die Ferse so einteilen, daß 3 dunkelblaue M in die Mitte treffen. Die Ferse mit 33 M in Oliv auf der Vorderseite der Arbeit rechts, auf der Rückseite links 12 Randm. hoch stricken. Die spitze Kappe mit 5 Mittelm. beginnen. Bei 19 M die Kappe gerade beenden.

Nun in der Fersenmitte beginnen und 1 M in Dunkelblau, 1 M in Oliv stricken, bei den 12 Randm. 13 M auffassen und in folgendem Farbwechsel arbeiten: 1 M in Dunkelblau, 1 M in Oliv, weiter die M über dem Rist 1 M in Oliv, 1 M in Dunkelblau stricken, wieder bei den 12 Randm. 13 M auffassen, und zwar 1 M in Dunkelblau, 1 M in Oliv.

Dem Muster entsprechend fortfahren. In jeder 2. Rd eine Ristabnahme ausführen, bis 72 M erreicht sind.

Während der Ristabnahmen das Muster an diesen zwei Stellen so gut wie möglich arbeiten. Am unteren und oberen Teil des Fußes soll das Muster immer genau stimmen. Nach Beendigung der Ristabnahmen stimmt das Muster wieder rundherum. Wenn die ganze Fußlänge 20,5 – 22 cm mißt, alle M in Oliv arbeiten, dabei mit dem 6er-Schlußabnehmen beginnen (= nach jeweils 6 M 2 M zusammenstricken, 6 Rd stricken, dann nach je 5 M 2 M zusammenstricken, 5 Rd stricken, nach je 4 M 2 M zusammenstricken, 4 Rd stricken usw.) und nach dem 0er-Abnehmen (= keine M mehr zwischen den Abnahmen) die restlichen M zusammenziehen.

Socken (auf der Abb. unten)

Schuhgröße 40/42

Material: H.E.C. Wolle, Qualität aarlan arwetta, dekatiert, 60 g in Oliv Nr. 36 und 40 g in Dunkelblau Nr. 99. Je 1 Nadelspiel Nr. 2-2½ und 2⅓-3.

A R B E I T S A N L E I T U N G

60 (60/64) M in Oliv anschlagen und 6 cm im Bündchenmuster (s. S. 42) stricken. Im Strickmuster II fortfahren, dabei verteilt bis 72 M aufnehmen. Ca. 21 cm ab Anschlag, wenn 4 gleiche Rd übereinander gestrickt sind, die M für die Ferse so einteilen, daß 3 olivfarbene M in die Mitte treffen. Die Ferse mit 33 M in Oliv auf der Vorderseite der Arbeit rechts, auf der Rückseite links 12 Randm. hoch stricken. Die spitze Kappe mit 5 Mittelm. beginnen. Bei 19 M die Kappe gerade beenden.
Nun die 3 mittleren dieser 19 M in Oliv arbeiten und weiter 3 M in Dunkelblau, 3 M in Oliv stricken, bei den Randm. 1 M in Dunkelblau auffassen, dann je 3 M in Oliv, 3 M in Dunkelblau = insgesamt 13 M. Zuletzt sind 3 M in Dunkelblau. Bei den M über dem Rist mit 3 M in Dunkelblau fortfahren. Nebeneinander sind dann 6 M in Dunkelblau. Wieder bei den Randm. 3 M in Dunkelblau, 3 M in Oliv auffassen und im Muster fortfahren. Ristabnahmen in der 2. Rd und 2 x in jeder 3. Rd ausführen = 78 M. Nun stimmt das Muster wieder rundherum. Wenn die ganze Fußlänge 20,5–22 cm mißt, in Oliv mit dem 6er-Schlußabnehmen beginnen. Nach dem 0er-Abnehmen die restlichen M zusammenziehen.

Kniestrümpfe

Schuhgröße 40/42

Material: H.E.C. Wolle, Qualität aarlan arwetta, dekatiert, je 80 g in Dunkelblau Nr. 99 und Oliv Nr. 36. 1 Nadelspiel Nr. 2½–3. Gummiband.
Strickmuster: 1. und 2. Rd: in Oliv rechts.
3. Rd: in Dunkelblau * 4 M links, 4 M links abheben, dabei den Faden locker hinter den 4 M durchführen, ab * wiederholen.
4. Rd: in Dunkelblau * 4 M rechts, 4 M abheben wie in der 3. Rd, ab * wiederholen.
5. Rd: in Oliv * 4 M rechts, 2 M nach rechts verkreuzen (d.h. vorneherum zuerst die 2. M rechts stricken, dann die 1. M rechts), 2 M nach links verkreuzen (d.h. hintenherum zuerst die 2. M rechts stricken, dann die 1. M rechts), ab * wiederholen.
6. R: in Oliv rechts.
7. und 8. Rd: in Dunkelblau wie die 3. und 4. Rd arbeiten.
9. und 10. Rd: in Oliv rechts.
11. und 12. Rd: in Dunkelblau wie die 3. und 4. Rd arbeiten.
13. Rd: in Oliv * 4 M links, 2 M nach links verkreuzen, 2 M nach rechts verkreuzen, ab * wiederholen.
14. Rd: in Oliv rechts.
Die 3.–14. Rd fortlaufend wiederholen.
Maschenprobe: 30 M und 56 Rd im Strickmuster = 10 x 10 cm.

A R B E I T S A N L E I T U N G

88 M in Dunkelblau locker anschlagen und in der Rd rechts stricken. Nach 3 cm jede M mit der entsprechenden Anschlagm. zusammenstricken, dabei 3 M offenlassen, damit das Gummiband eingezogen werden kann. Nun im Strickmuster fortfahren.
Für die Wadenabnahme 15 cm ab Saumkante die M so einteilen, daß 4 olivfarbene M die hintere Mitte bilden. Vor und nach diesen 4 M dem Muster entsprechend entweder je 2 M links zusammenstricken oder vor den 4 M 1 überzogene Abnahme arbeiten und nach den 4 M 2 M rechts zusammenstricken. Diese Abnahme 9 x in jeder 8. Rd wiederholen. Es bleiben 68 M übrig. Vor und nach dem hinteren Mittelstreifen sind 2 M abwechselnd 2 Rd olivfarben, 2 Rd dunkelblau.
Für die Ferse in 37–38 cm ab Saumkante 32 M in Dunkelblau auf der Vorderseite der Arbeit rechts, auf der Rückseite links 12 Randm. hoch stricken. Die spitze Kappe mit 4 Mittelm. beginnen. Bei 16 M die Kappe gerade beenden. Die Randm. auffassen. Die 36 M über dem Rist im Muster weiterarbeiten wie bisher. Die übrigen M immer rechts stricken, und zwar dem Muster entsprechend 2 Rd in Oliv, 2 Rd in Dunkelblau. Die Ristabnahmen in jeder 3. Rd solange ausführen, bis noch 64 M übrig sind. Wenn die ganze Fußlänge 20,5–22 cm mißt, in Dunkelblau alle M rechts stricken, dabei mit dem 6er-Schlußabnehmen beginnen. Nach dem 0er-Abnehmen die restlichen M zusammenziehen. Das Gummiband in den Saum einziehen.

Größe 50

Material: Austermann Wolle, Qualität Pharao, je 300 g in Türkis Nr. 67, Eis Nr. 102, Smaragd Nr. 103 und Aqua Nr. 120.
1 Paar Stricknadeln Nr. 6, 1 Rundstricknadel Nr. 6, 40 cm lang.
Strickmuster: Mit Nadeln Nr. 6 im Patentmuster arbeiten. Maschenzahl teilbar durch 2.
1. R (Hinreihe): Randm., * 1 M rechts, 1 M mit 1 Umschlag links abheben, ab * wiederholen, Randm.
2. R (Rückreihe): Randm., * die M mit dem Umschlag rechts abstricken, die folgende M mit Umschlag links abheben, ab * wiederholen, Randm.
Die 2. R fortlaufend wiederholen.
Bündchenmuster: Mit Nadeln Nr. 6 abwechselnd 1 M rechts verschränkt, 1 M links.
Maschenprobe: 11 M und 30 R im Strickmuster = 10 x 10 cm.

ARBEITSANLEITUNG

Es wird gleichzeitig mit allen 4 Fäden gearbeitet.

Rücken: 54 M anschlagen und 5 cm im Bündchenmuster stricken. Im Strickmuster fortfahren, dabei für die seitliche Erweiterung beidseitig 6 x 1 M in jeder 17. R zunehmen = 66 M. In 40 cm Gesamthöhe mit der Raglanschräge beginnen, und zwar nach der ersten bzw. vor der letzten hochlaufenden Patentrippe 18 x 1 M in jeder 4. R abnehmen. Dafür nach der ersten Rippe 1 M abheben, 1 M stricken und die abgehobene M überziehen, vor der letzten Rippe jeweils 2 M zusammenstricken. Die verbleibenden 30 M in 64 cm Gesamthöhe abketten.
Vorderteil: Wie das Rückenteil anfertigen.
Ärmel: 32 M anschlagen und 5 cm im Bündchenmuster stricken. Im Strickmuster fortfahren und für die seitliche Erweiterung beidseitig 11 x 1 M in jeder 9. R zunehmen = 54 M. Die Raglanschräge wie am Rücken- bzw. Vorderteil beschrieben vornehmen. In 64 cm Gesamthöhe die verbleibenden 18 M abketten. Den zweiten Ärmel ebenso arbeiten.
Fertigstellung: Raglannähte schließen, so daß die hochlaufenden Randm. nebeneinander liegen. Seiten- bzw. Unterarmnähte schließen. Aus dem Halsausschnitt mit der Rundstricknadel ca. 72 M herausstricken und 3 cm im Bündchenmuster arbeiten. M abketten.

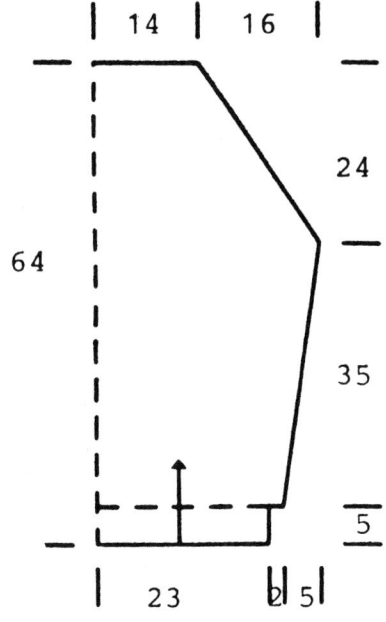

½ Rücken bzw. Vorderteil

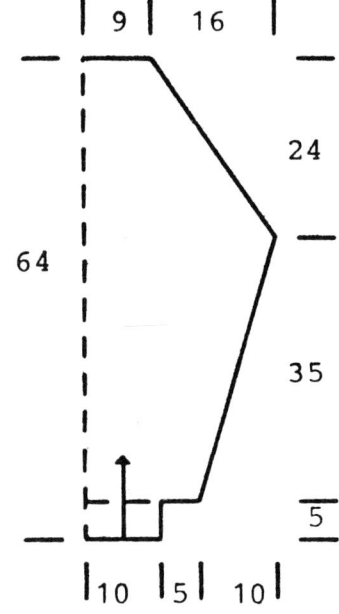

½ Ärmel

Größen 46 und 48/50

Bei unterschiedlichen Angaben: Größe 48/50 in Klammern.
Obere Weite des Modells 106 (116) cm, gesamte Länge 70 (72) cm.

Material: H.E.C. Wolle, Qualität aarlan natura, 1000 (1100) g in Ecru Nr. 5301.
Je 1 Paar Stricknadeln Nr. 4½–5 und 5½–6, je 1 Nadelspiel Nr. 4½ und 5.
Strickmuster: Mit Nadeln Nr. 5½–6 nach der Strickschrift Seite 142 arbeiten.
Die Strickschrift zeigt die Vorderseite der Arbeit. Auf der Rückseite der Arbeit rechts auf rechts, links auf links stricken.
Für Größe 46 nach der Randm. mit dem Rapport beginnen, d.h. mit 6 M links.
Für Größe 48/50 das Muster genau nach der Strickschrift beginnen.
Die 1.– 28. R fortlaufend wiederholen.
Bündchenmuster: Mit Nadeln Nr. 4½–5 abwechselnd 1 M rechts, 1 M links.
Maschenprobe: 15 M und 20 R im Strickmuster = 10 x 10 cm.

ARBEITSANLEITUNG

Rücken: 68 (70) M anschlagen und 9 cm im Bündchenmuster arbeiten. Im Strickmuster fortfahren, dabei verteilt in der 1. R 14 (20) M aufnehmen = 82 (90) M. Die Kanten bleiben gerade. In 67 (69) cm Gesamthöhe für die Schulter beidseitig 2 x 9 und 1 x 10 (2 x 10 und 1 x 11) M abketten. Die restlichen 26 (28) M locker abketten.
Vorderteil: Wie das Rückenteil anfertigen, jedoch in 61 (63) cm Gesamthöhe für den Halsausschnitt die mittleren 8 (10) M locker abketten und beidseitig davon 1 x 3, 2 x 2, 1 x 1, 1 x 0 und 1 x 1 M abketten.
Ärmel: 40 (42) M anschlagen und 7 cm im Bündchenmuster arbeiten. Anschließend verteilt in einer R 10 (12) M aufnehmen und das Strickmuster so einteilen, daß ein ganzer Rapport über die mittleren 20 M gestrickt wird. An beiden Kanten 8 x im Abstand von 4,5 cm und 3 x im Abstand von 2 cm 1 M aufnehmen = 72 (76) M. In 49 cm Gesamthöhe alle M abketten.
Fertigstellung: Teile nach Schnitt spannen und mit feuchten Tüchern bedeckt trocknen lassen. Nähte schließen, dabei die Seitennähte entsprechend der Ärmelweite offenlassen. Mit dem Nadelspiel Nr. 5 am Ausschnitt des Rückenteils 27 (29) M auffassen und am Vorderteil 49 (51) M. 6 Rd im Bündchenmuster arbeiten. Nach der 6. Rd mit dem Nadelspiel Nr. 4½ fortfahren. Nach der 14. Rd wieder zum Nadelspiel Nr. 5 wechseln. In der 18. Rd locker abketten und die Hälfte des Bündchens nach innen säumen. Die Ärmel einsetzen.

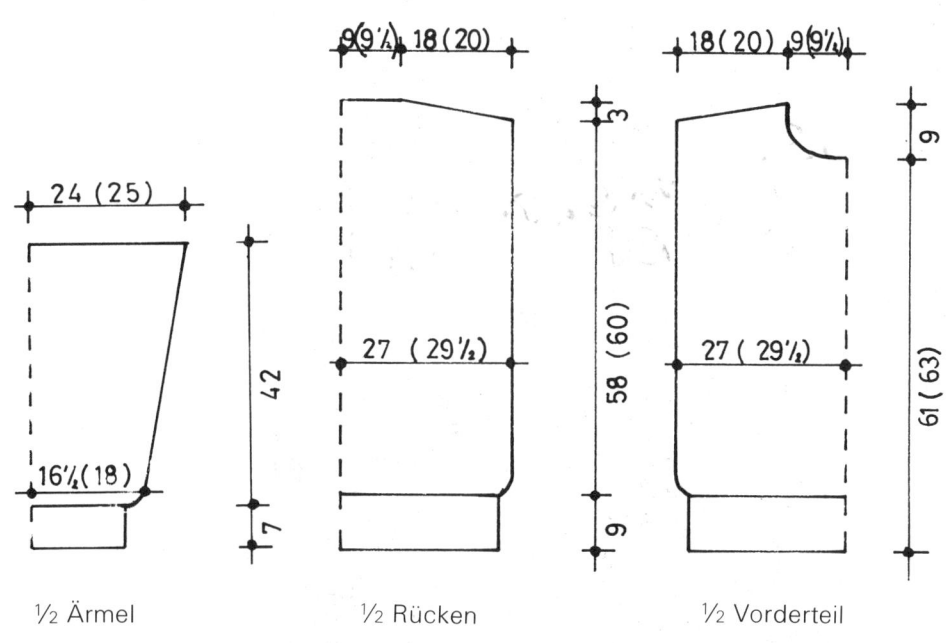

½ Ärmel   ½ Rücken   ½ Vorderteil

Kleine, mittlere und große Herrengröße
Bei unterschiedlichen Angaben: mittlere und
große Herrengröße in Klammern.

Material: Berger du Nord Wolle, Qualität
Tweed, ca. 700 (700/800) g in Terre Nr. 8057. Je
1 Paar Stricknadeln Nr. 4 und 4½, 1 Hilfsnadel.
Strickmuster I: Mit Nadeln Nr. 4½ nach den
Strickschriften I und II Seite 153 und den nach-
folgenden Angaben arbeiten.
4 nach links verkreuzte M: 2 M auf eine Hilfsnadel vor die Arbeit legen, die folgenden 2 M
rechts, dann die 2 M der Hilfsnadel rechts
stricken.
3 nach rechts verkreuzte M: 1 M auf eine Hilfsnadel hinter die Arbeit legen, die folgenden
2 M rechts arbeiten, anschließend die M der
Hilfsnadel links stricken.
3 nach links verkreuzte M: 2 M auf eine Hilfsnadel vor die Arbeit legen, die folgende M
links arbeiten, dann die 2 M der Hilfsnadel
rechts stricken.
Strickschriften: Bei der Strickschrift I sind
die M der Rückr. gezeichnet, wie sie auf der
Vorderseite der Arbeit erscheinen.
Bei der Strickschrift II in den Rückr. die M strikken, wie sie erscheinen.
Strickmuster II: Mit Nadeln Nr. 4½ krausge-
rippt = alle R rechts.
Bündchenmuster: Mit Nadeln Nr. 4 abwechselnd 1 M rechts, 1 M links.
Maschenprobe: 17½ M und 24 R im Strickmuster I nach Strickschrift I bzw. 17½ M und 23 R
nach Strickschrift II = jeweils 10 x 10 cm. 15 M
und 28 R im Strickmuster II = 10 x 10 cm.

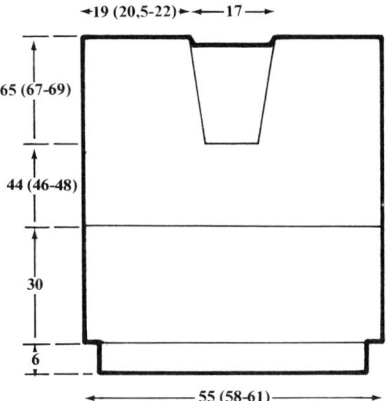

Rücken bzw. Vorderteil

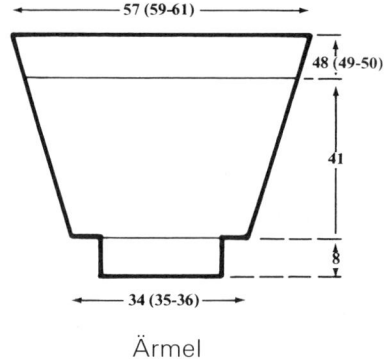

Ärmel

ARBEITSANLEITUNG

Rücken: 86 (91/96) M anschlagen und 6 cm
im Bündchenmuster arbeiten. Anschließend 1
R links auf der Rückseite der Arbeit stricken
und dabei 10 (11/12) M verteilt zunehmen = 96
(102/108) M. Nach Strickschrift I weiterarbeiten und dabei einen Zopf in die Mitte nehmen.
In 30 cm Gesamthöhe, nachdem 5 x der Rapport der Strickschrift I gestrickt ist, nach der
Strickschrift II weiterarbeiten, dabei die 4
rechten M jeweils über einen Zopf nehmen.
In 63 (65/67) cm Gesamthöhe die mittleren
26 M abketten und beide Seiten getrennt
beenden, dabei am Halsausschnitt 1 x 2 M
abketten. In 65 (67/69) cm Gesamthöhe für die
Schulter die verbleibenden 33 (36/39) M auf
einmal abketten.
Vorderteil: Wie das Rückenteil anfertigen,
jedoch in 44 (46/48) cm Gesamthöhe die mittleren 20 M abketten und beide Seiten
getrennt beenden, dabei am Halsausschnitt in
jeder 8. R 5 x 1 M abketten. In 65 (67/69) cm
Gesamthöhe die restlichen M abketten.
Ärmel: 41 (43/44) M anschlagen und 8 cm im
Bündchenmuster arbeiten. Anschließend 1 R
links auf der Rückseite der Arbeit stricken und
dabei verteilt 19 (19/20) M zunehmen = insgesamt 60 (62/64) M.
Nach Strickschrift I weiterarbeiten, dabei
einen Zopf in die Mitte nehmen und abwechselnd in jeder 6. und 4. R 12 x 1 M und dann in
jeder 4. R 8 (9/10) x 1 M zunehmen. Gleichzeitig in 41 cm Gesamthöhe, wenn 7 Rapporte
der Strickschrift I beendet sind, wie beim Rük-

ken nach der Strickschrift II weiterarbeiten. In 48 (49/50) cm Gesamthöhe alle M gerade abketten.

Schalkragen: 108 M anschlagen und 12 cm hoch im Strickmuster II stricken. Dann beidseitig in jeder 2. R 1 x 16 und 2 x 17 M stehen lassen. Die folgende 2. R über alle M stricken und dabei die M abketten.

Fertigstellung: Schulternähte schließen. Die Ärmel einsetzen. Seiten- und Ärmelnähte schließen. Den Schalkragen annähen, dabei die Seitenkanten übereinanderlegen.

Kleine, mittlere und große Herrengröße
Bei unterschiedlichen Angaben: mittlere und große Herrengröße in Klammern.

Material: Berger du Nord Wolle, Qualität Lima, ca. 1000 (1100/1200) g in Terre Nr. 8057. Je 1 Paar Stricknadeln Nr. 5½ und 6, 1 Hilfsnadel.

Strickmuster I: Mit Nadeln Nr. 6 glatt links = Hinreihe links, Rückreihe rechts.

Strickmuster II: Mit Nadeln Nr. 6 einen 18 M breiten Zopf arbeiten.
1., 3. und 5.R: 18 M rechts.
2. und alle geraden R: 18 M links.
7.R: 6 M auf die Hilfsnadel hinter die Arbeit legen, die folgenden 6 M rechts, dann die 6 M der Hilfsnadel rechts stricken, 6 M rechts.
9., 11. und 13. R: 18 M rechts.
15. R: 6 M rechts, 6 M auf die Hilfsnadel vor die Arbeit legen, die folgenden 6 M rechts, dann die 6 M der Hilfsnadel rechts stricken.
Die 1.–16. R stets wiederholen.

Bündchenmuster: Mit Nadeln Nr. 5½ abwechselnd 2 M rechts, 2 M links.

Maschenprobe: 12 M und 16 R im Strickmuster I = 10 x 10 cm. 1 Zopf = 10 cm breit.

ARBEITSANLEITUNG

Rücken: 54 (58/60) M anschlagen und 8 cm im Bündchenmuster stricken. Im Strickmuster I fortfahren, dabei in der 1. R verteilt 16 M zunehmen = 70 (74/76) M. In 65 (67/69) cm Gesamthöhe für die Schultern beidseitig in jeder 2. R 3 x 8 M abketten. In 69 (71/73) cm Gesamthöhe die restlichen 22 (26/28) M abketten.

Vorderteil: 62 (66/68) M anschlagen und 8 cm im Bündchenmuster stricken. Anschließend wie folgt weiterarbeiten, dabei in der 1. R verteilt 26 M zunehmen = 88 (92/94) M:
7 (7/8) M Strickmuster I.
18 M Strickmuster II
10 (12/12) M Strickmuster I
18 M Strickmuster II
10 (12/12) M Strickmuster I
18 M Strickmuster II
7 (7/8) M Strickmuster I.
In 60 (62/64) cm Gesamthöhe die mittleren 8 (10/12) M abketten und beide Seiten getrennt beenden, dabei am Halsausschnittrand in jeder 2. R 1 x 4 (1 x 5/1 x 5) M, 2 x 2 M und 2 x 1 M abketten. In einer Gesamthöhe von 65 (67/69) cm dann für die Schultern in jeder 2.R 3 x 10 M abketten.

Ärmel: 30 (30/32) M anschlagen und 8 cm im Bündchenmuster stricken. Im Strickmuster I fortfahren und dabei in der 1. R verteilt 8 M zunehmen = 38 (38/40) M. Anschließend beidseitig in jeder 4. R 15 (16/16) x 1 M zunehmen = 68 (70/72) M. In 48 (50,5/50,5) cm Gesamthöhe alle M locker abketten.

Fertigstellung: Die rechte Schulternaht schließen. Rund um den Halsausschnitt 58 (66/70) M auffassen, 4 cm im Bündchenmuster stricken und locker abketten. Die linke Schulternaht und die Blendennaht schließen. Ärmel flach einsetzen, anschließend Seiten- und Ärmelnähte schließen.

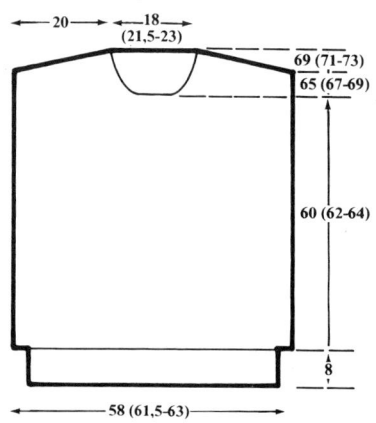

Rücken bzw. Vorderteil

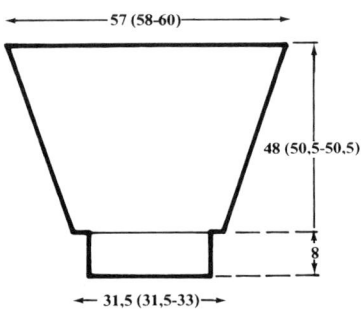

Ärmel

sportlich

Herrenpulli

Größen 15 bis 16 Jahre, 18 Jahre, kleine, mittlere und große Herrengröße.
Bei unterschiedlichen Angaben: 18 Jahre und die drei verschiedenen Herrengrößen in Klammern.

Material: Pingouin Wolle, Qualität Pingofrance, 600 (650/700/750/800) g in Feu Nr. 131. Je 1 Paar Stricknadeln Nr. 2½ und 4.
Dieses Modell kann ebenso in den Qualitäten 4 Pingouins, Confort und Mohair 50 nachgearbeitet werden.

Strickmuster I: Mit Nadeln Nr. 4 im Phantasiemuster arbeiten. M-Zahl teilbar durch 17 plus 14.

1.R: (Vorderseite der Arbeit) * (2 M links, 2 M rechts): 3 x, 2 M links, 1 M rechts, 1 M links, 1 M rechts *, (2 M links, 2 M rechts): 3 x, 2 M links.

2.R: * (2 M rechts, 2 M links): 3 x, 2 M rechts, 1 M links, 1 M rechts, 1 M links *, (2 M rechts, 2 M links): 3 x, 2 M rechts.

3.R: * (2 M links, 2 M rechts): 3 x, 2 M links, 1 M rechts, mit der rechten Nadel in den Fußpunkt der folgenden M einstechen und 1 M links stricken (= 1 Zunahme), 1 M rechts, 1 M links, 1 M rechts *, (2 M links, 2 M rechts): 3 x, 2 M links.

4.R: * (2 M rechts, 2 M links): 3 x, 2 M rechts, (1 M links, 1 M rechts): 2 x, 1 M links *, (2 M rechts, 2 M links): 3 x, 2 M rechts.

5.R: * (2 M links, 2 M rechts): 3 x, 2 M links, 1 M rechts, 1 Zunahme, 1 M rechts, 1 M links, 1 M rechts, 1 Zunahme, 1 M rechts *, (2 M links, 2 M rechts): 3 x, 2 M links.

6.R: * (2 M rechts, 2 M links): 3 x, 2 M rechts, (1 M links, 1 M rechts): 3 x, 1 M links *, (2 M rechts, 2 M links): 3 x, 2 M rechts.

7.R: * (2 M links, 2 M rechts): 3 x, 2 M links, 1 M rechts, 1 Zunahme, 1 M rechts, (1 M links, 1 M rechts): 2 x, 1 Zunahme, 1 M rechts *, (2 M links, 2 M rechts): 3 x, 2 M links.

8.R: * (2 M rechts, 2 M links): 3 x, 2 M rechts, (1 M links, 1 M rechts): 4 x, 1 M links *, (2 M rechts, 2 M links): 3 x, 2 M rechts.

9.R: * (2 M links, 2 M rechts): 3 x, 2 M links, 1 M rechts, 1 Zunahme, (1 M rechts, 1 M links): 3 x, 1 M rechts, 1 Zunahme, 1 M rechts *, (2 M links, 2 M rechts): 3 x, 2 M links.

10.R: * 2 M rechts, 1 Zunahme aus der 2. dieser beiden M, Faden hinter der Arbeit lassen, 10 M auf die rechte Nadel abheben, dann mit der linken Nadel die zugenommene M über die 10 abgehobenen M ziehen, 2 M rechts, (1 M links, 1 M rechts): 5 x, 1 M links *, 2 M rechts, 1 Zunahme aus der 2. dieser beiden M, Faden hinter der Arbeit lassen, 10 M auf die rechte Nadel abheben, dann mit der linken Nadel die zugenommene M über die 10 abgehobenen M ziehen, 2 M rechts.

11.R: * (2 M links, 2 M rechts): 3 x, 2 M links, 1 M auf die rechte Nadel abheben, die folgende M rechts stricken, die abgehobene M über die gestrickte ziehen (= 1 einfacher Überzug), (1 M links, 1 M rechts): 3 x, 1 M links, 2 M rechts zusammenstricken *, (2 M links, 2 M rechts): 3 x, 2 M links.

12.R: * (2 M rechts, 2 M links): 3 x, 2 M rechts, (1 M links, 1 M rechts): 4 x, 1 M links *, (2 M rechts, 2 M links): 3 x, 2 M rechts.

13.R: * (2 M links, 2 M rechts): 3 x, 2 M links, 1 einfacher Überzug, (1 M links, 1 M rechts): 2 x,

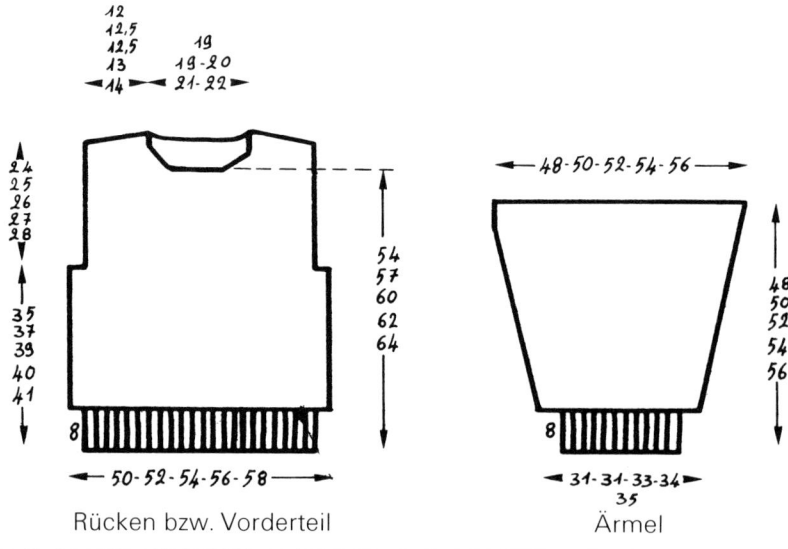

Rücken bzw. Vorderteil   Ärmel

1 M links, 2 M rechts zusammenstricken *, (2 M links, 2 M rechts): 3 x, 2 M links.

14. R: * (2 M rechts, 2 M links): 3 x, 2 M rechts, (1 M links, 1 M rechts): 3 x, 1 M links *, (2 M rechts, 2 M links): 3 x, 2 M rechts.

15. R: * (2 M links, 2 M rechts): 3 x, 2 M links, 1 einfacher Überzug, 1 M links, 1 M rechts, 1 M links, 2 M rechts zusammenstricken *, (2 M links, 2 M rechts): 3 x, 2 M links.

16. R: * (2 M rechts, 2 M links): 3 x, 2 M rechts, (1 M links, 1 M rechts): 2 x, 1 M links *, (2 M rechts, 2 M links): 3 x, 2 M rechts.

17. R: * (2 M links, 2 M rechts): 3 x, 2 M links, 1 einfacher Überzug, 1 M links, 2 M rechts zusammenstricken *, (2 M links, 2 M rechts): 3 x, 2 M links.

18. R: * (2 M rechts, 2 M links): 3 x, 2 M rechts, 1 M links, 1 M rechts, 1 M links *, (2 M rechts, 2 M links): 3 x, 2 M rechts.

19. R: * (2 M links, 2 M rechts): 3 x, 2 M links, 1 M auf eine Hilfsnadel vor die Arbeit legen, die folgende M rechts stricken, die nächste M links, dann die M der Hilfsnadel rechts *, (2 M links, 2 M rechts): 3 x, 2 M links.

20. R: * (2 M rechts, 2 M links): 3 x, 2 M rechts, 1 M links, 1 M rechts, 1 M links *, (2 M rechts, 2 M links): 3 x, 2 M rechts.

21. R: Muster in der 3. R wieder aufnehmen.

Strickmuster II: Mit Nadeln Nr. 4 im Perlmuster arbeiten.

1. R: * 1 M rechts, 1 M links *.

2. R und alle weiteren geraden R: Die M stricken, wie sie erscheinen.

3. R: * 1 M links, 1 M rechts *.

5. R: Muster in der 1. R wieder aufnehmen.

Bündchenmuster: Mit Nadeln Nr. 2½ abwechselnd 1 M rechts, 1 M links.

Maschenprobe: 26 M und 30 R im Strickmuster I = 10 x 10 cm.

ARBEITSANLEITUNG

Rücken: 116 (120/124/128/132) M anschlagen und 8 cm im Bündchenmuster stricken, dabei in der letzten R 14 (16/16/18/20) M verteilt zunehmen = 130 (136/140/146/152) M. Wie folgt weiterarbeiten: 7 (10/12/15/18) M im Strickmuster II, 116 M im Strickmuster I, 7 (10/12/15/18) M im Strickmuster II.

In 35 (37/39/40/41) cm Gesamthöhe für die Armausschnitte beidseitig 1 x 8 (10/11/12/12) M abketten = 114 (116/118/122/128) M. In 59 (62/65/67/69) cm Gesamthöhe für die Schulterschrägen beidseitig in jeder 2. R 2 x 11 M und 1 x 10 M (3 x 11 M/3 x 11 M/2 x 11 M und

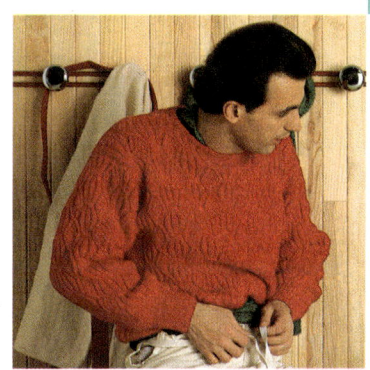

1 x 12 M/3 x 12 M) abketten. Gleichzeitig mit der 2. Schulterabnahme die mittleren 30 (30/32/34/36) M abketten und jede Seite getrennt beenden, dabei an der Halsausschnittkante nach 2 R 1 x 10 M abketten.

Vorderteil: Wie das Rückenteil anfertigen. In 54 (57/60/62/64) cm Gesamthöhe für den Halsausschnitt die mittleren 16 (16/18/20/22) M abketten und jede Seite getrennt beenden, dabei an der Halsausschnittkante in jeder 2. R 1 x 4 M, 1 x 3 M, 3 x 2 M und 4 x 1 M abketten. In 59 (62/65/67/69) cm Gesamthöhe für die Schulterschräge wie beim Rückenteil 3 x abketten.

Ärmel: 58 (58/60/62/66) M anschlagen und 8 cm im Bündchenmuster stricken, dabei in der letzten R 24 M verteilt zunehmen = 82 (82/84/86/90) M. Wie folgt weiterarbeiten: 82 M im Strickmuster I (82 M im Strickmuster I/1 M links, 82 M im Strickmuster I, 1 M links/2 M links, 82 M im Strickmuster I, 2 M links/2 M rechts, 2 M links, 82 M im Strickmuster I, 2 M links, 2 M rechts).

Beidseitig zunehmen: * 1 M in jeder 6. R, 1 M in jeder 4. R *: 9 x, dann in jeder 6. R 3 x 1 M/* 1 M in jeder 6. R, 1 M in jeder 4. R *: 10 x, dann in jeder 4. R 4 x 1 M/* 1 M in jeder 6. R, 1 M in jeder 4. R *: 10 x, dann in jeder 4. R 6 x 1 M/* 1 M in jeder 6. R, 1 M in jeder 4. R *: 9 x, dann in jeder 4. R 10 x 1 M/* 1 M in jeder 6. R, 1 M in jeder 4. R *: 9 x, dann in jeder 4. R 10 x 1 M. Über den zugenommenen M im Strickmuster I arbeiten. Anschließend in 48 (50/52/54/56) cm Gesamthöhe die insgesamt 124 (130/136/142/146) M abketten.

Fertigstellung: Eine Schulternaht schließen. Für die Halsausschnittblende rund um den Halsausschnitt 108 (114/120/126/132) M auffassen, 10 R im Bündchenmuster stricken und abketten. Die zweite Schulternaht und die Halsausschnittblende schließen. Die Halsausschnittblende zur Hälfte nach innen umschlagen und von links gegennähen. Ärmel einsetzen. Ärmel- und Seitennähte schließen.

Kinderblazer

Größen 2, 4 und 6 Jahre

Bei unterschiedlichen Angaben: 4 und 6 Jahre in Klammern.

Material: Pingouin Wolle, Qualität Pingostar, 350 (400/450) g in Bouteille Nr. 549, 50 g in Noir Nr. 533. Je 1 Paar Stricknadeln Nr. 3½ und 4½, 3 Knöpfe.

Strickmuster I: Mit Nadeln Nr. 3½ glatt links = Hinreihe links, Rückreihe rechts.

Strickmuster II: Mit Nadeln Nr. 4½ glatt rechts = Hinreihe rechts, Rückreihe links.

Strickmuster III: Mit Nadeln Nr. 4½ im Phantasiemuster arbeiten.

1.R: * Die rechte Nadel hinter der 1. M vorbeiführen und die 2. M rechts stricken, ohne sie von der linken Nadel gleiten zu lassen, dann die 1. M rechts stricken und beide M zusammen von der linken Nadel gleiten lassen *.

2.R: 1 M links, * von den beiden folgenden M zunächst die 2. M links stricken, dann die 1. M links stricken und beide M von der linken Nadel gleiten lassen *, 1 M links.

Diese beiden R stets wiederholen.

Maschenprobe: 26 M und 20 R im Strickmuster III = jeweils 10 x 10 cm.

ARBEITSANLEITUNG

Rücken: 88 (94/100) M in Bouteille anschlagen und im Strickmuster III stricken. In 19 (21/23) cm Gesamthöhe für die Armausschnitte beidseitig in jeder 2. R 1 x 3 M, 2 x 2 M und 2 x 1 M (1 x 3 M, 3 x 2 M und 1 x 1 M/1 x 3 M, 3 x 2 M und 2 x 1 M) abketten = 70 (74/78) M. In 32 (35/38) cm Gesamthöhe für die Schulterschrägen beidseitig in jeder 2. R 3 x 7 M (1 x 8 M und 2 x 7 M/1 x 7 M und 2 x 8 M) abketten. Gleichzeitig mit der 1. Schulterabnahme für den Halsausschnitt die 16 (18/20) mittleren M abketten und jede Seite getrennt beenden, dabei an der Halsausschnittkante nach 2 R 1 x 6 M abketten.

Linkes Vorderteil: 41 (45/47) M in Bouteille anschlagen und im Strickmuster III stricken, dabei an der linken Kante in jeder 2. R 1 x 2 M, 1 x 1 M, 1 x 2 M und 3 x 1 M zunehmen = 49 (53/55) M. In 7,5 (8/8,5) cm Gesamthöhe für den Taschenschlitz, 12 (12/14) M von der rechten Kante (Seitennaht) entfernt, 20 (22/24) M stillegen. Getrennt für den Taschenboden mit Nadeln Nr. 4½ in Bouteille 13 (15/17) M anschlagen und 7 (7,5/8) cm glatt rechts stricken, dabei in der letzten R 7 M verteilt zunehmen. Diese M dann hinter das Vorderteil anstelle der stillgelegten M einfügen und über alle M im Strickmuster III fortfahren.

In 11 (11,5/12) cm Gesamthöhe das 1. Knopfloch einarbeiten, 2 weitere jeweils im Abstand von 7 (7,5/8) cm. Für jedes Knopfloch die 5. und 4. M vor der linken Kante abketten und in der folgenden R über den abgeketteten 2 M neu anschlagen.

In 19 (21/23) cm Gesamthöhe an der rechten Kante die gleichen Armausschnittabnahmen wie beim Rückenteil vornehmen.

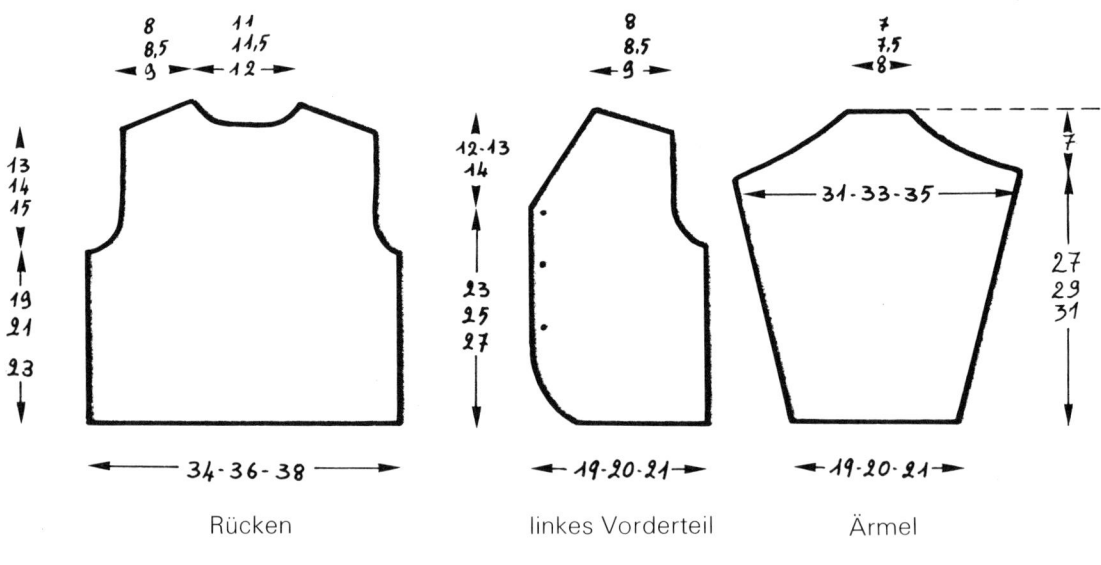

Rücken	linkes Vorderteil	Ärmel

In 21 (23/25) cm Gesamthöhe für den Taschenschlitz, 4 M von der rechten Kante entfernt, 14 (16/18) M stillegen. Getrennt für den Taschenboden mit Nadeln Nr. 4½ in Bouteille 9 (11/13) M anschlagen und 5 (5/6) cm glatt rechts stricken, dabei in der letzten R 5 M verteilt zunehmen. Diese M hinter das Vorderteil anstelle der stillgelegten M einfügen und die Arbeit wieder über alle M im Strickmuster III aufnehmen.

In 23 (25/27) cm Gesamthöhe für den Halsausschnitt an der linken Kante in jeder 2. R 1 x 1 M und 9 x 2 M (1 x 1 M und 10 x 2 M/1 x 1 M und 10 x 2 M) abketten. In 32 (35/38) cm Gesamthöhe für die Schulterschräge wie beim Rückenteil abketten.

Rechtes Vorderteil: Gegengleich arbeiten, jedoch ohne Knopflöcher und Brusttasche.

Ärmel: 50 (52/54) M in Bouteille anschlagen und im Strickmuster III stricken, dabei beidseitig in jeder 4. R 12 x 1 M für alle Größen, dann in jeder 2.R 3 (5/7) x 1 M zunehmen = 80 (86/92) M.

In 27 (29/31) cm Gesamthöhe für die Armkugel beidseitig in jeder 2.R 3 x 4 M, 3 x 5 M und 1 x 4 M (1 x 5 M, 2 x 4 M und 4 x 5 M/1 x 6 M, 2 x 4 M, 3 x 5 M und 1 x 6 M) abketten. Die 18 (20/22) restlichen M auf einmal abketten.

Reverskragen linke Seite: Mit Nadeln Nr. 4½ in Bouteille 2 M anschlagen, im Strickmuster III stricken, dabei an der linken Kante in jeder 2. R 6 x 2 M, dann in jeder R 8 (8/10) x 2 M zunehmen. In der folgenden R die 30 (30/34) M abketten.

Für die rechte Seite gegengleich arbeiten.

Kragen: Mit Nadeln Nr. 4½ in Bouteille 24 (26/28) M anschlagen und im Strickmuster III strikken, dabei beidseitig in jeder 2. R 2 x 4 M und 2 x 6 M (1 x 4 M und 3 x 6 M/4 x 6 M) zunehmen. Die 64 (70/76) M stillegen.

Fertigstellung: Schulternähte schließen. Die Reversteile entlang der Halsausschnittschrägen der Vorderteile annähen, linke Reversseite auf rechte Vorderteilseite, dann den Kragen so annähen, daß beidseitig des Revers' 2,5 (3/3) cm frei bleiben.

Blenden: Mit Nadeln Nr. 3½ die M in Noir auf der Vorderseite der Arbeit auffassen. 3 R glatt links stricken und abketten. Wie folgt die M auffassen:

Revers- und Kragenblenden: 170 (170/176) M. Vorderteilblenden: 90 (94/98) M. Blende für untere Kante: 69 (73/77) M. Blenden für große Taschen: Die stillgelegten M wieder aufnehmen, in der 1. R 2 M zunehmen. Die Blende für die Brusttasche ebenso arbeiten. Ärmelblenden: 48 (50/52) M auffassen.

Taschenböden und die Endkanten der Taschenblenden festnähen. Die Endkanten der Blenden von Revers und Vorderteilen verbinden. Ärmel einsetzen. Ärmel- und Seitennähte schließen. Knöpfe annähen.

MODELL 3

SPORTLICH

Kleine bzw. mittlere Herrengröße

Material: Pingouin Wolle, Qualität Confortable Sport, 650 g in Gitane Nr. 17, 300 g in Chaudron Nr. 43. Je 1 Paar Stricknadeln Nr. 3½ und 4½. Dieses Modell kann außerdem noch in den Qualitäten Orage und Multicolore nachgearbeitet werden.

Strickmuster I: Mit Nadeln Nr. 4½ glatt rechts = Hinreihe rechts, Rückreihe links.

Strickmuster II: Mit Nadeln Nr. 4½ glatt rechts im Jacquardmuster nach der Strickschrift Seite 147 arbeiten, dabei die Fäden bei jedem Farbwechsel verkreuzen.

Bündchenmuster: Mit Nadeln Nr. 3½ abwechselnd 1 M rechts, 1 M links.

Maschenprobe: 19 M und 20 R im Strickmuster II = 10 x 10 cm.

ARBEITSANLEITUNG

Rücken: 105 M in Gitane anschlagen und 8 cm im Bündchenmuster stricken, anschließend im Strickmuster II fortfahren. In der 3. R Farbe Gitane (siehe Strickschrift, ca. 37 cm Gesamthöhe) beidseitig 1 M für die Armausschnittnaht zunehmen.

In 63 cm Gesamthöhe (5. R Farbe Gitane) für die Schulterschrägen beidseitig in jeder 2. R 1 x 11 M und 2 x 12 M abketten (nur in Gitane stricken). Gleichzeitig für den Halsausschnitt nach der 1. Schulterabnahme die 31 mittleren M abketten und jede Seite getrennt beenden, dabei an der Halsausschnittkante nach 2 R 1 x 3 M abketten.

Vorderteil: 107 M in Gitane anschlagen und 8 cm im Bündchenmuster stricken, im Strickmuster II fortfahren. In 56 cm Gesamthöhe für den Halsausschnitt die 19 mittleren M abketten und jede Seite getrennt beenden, dabei an der Halsausschnittkante in jeder 2. R 1 x 3 M und 6 x 1 M abketten. In 63 cm Gesamthöhe für die Schulterschrägen wie beim Rückenteil abketten.

Ärmel: 50 M in Gitane anschlagen und 8 cm im Bündchenmuster stricken. Im Strickmuster II weiterarbeiten, dabei in der 1. R 9 M verteilt zunehmen = 59 M. Beidseitig in jeder 4. R 18 x 1 M zunehmen. In 49 cm Gesamthöhe (4. R Farbe Gitane) die 95 M auf einmal abketten.

Fertigstellung: Teile nach Schnitt spannen und mit feuchten Tüchern bedeckt trocknen lassen. Eine Schulternaht schließen. Anschließend für den Kragen in Gitane 109 M rund um den Halsausschnitt auffassen und 12 cm im Bündchenmuster stricken, abketten. Die andere Schulternaht und die Kragennaht schließen. Den Kragen zur Hälfte nach innen umschlagen und von links mit unsichtbaren Stichen festnähen.

Ärmel einsetzen, dabei darauf achten, daß die Motive mit Rücken- und Vorderteil übereinstimmen. Um die Linie in Gitane in der Motivmitte neu zu bilden, 1 M vom Rumpfteil und 1 R über dem Ärmel für die Naht zusammenfassen. Ärmelnähte schließen. Seitennähte schließen, dabei wieder 1 M von jedem Teil auffassen, um die Linie in Gitane in der Motivmitte zu bilden.

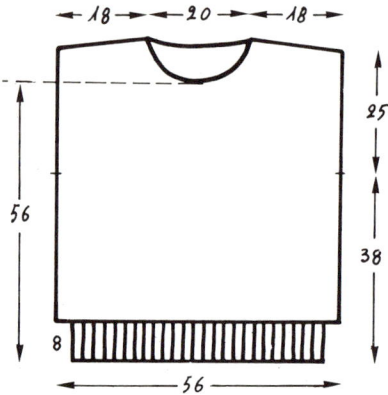

Rücken bzw. Vorderteil

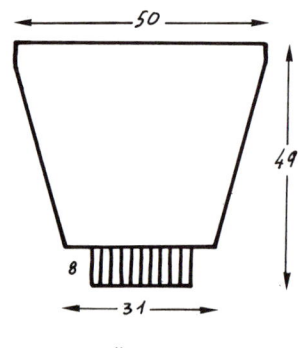

Ärmel

Größen 15 bis 16 Jahre, 18 Jahre, kleine, mittlere und große Herrengröße.
Bei unterschiedlichen Angaben: 18 Jahre und die drei verschiedenen Herrengrößen in Klammern.

Material: Pingouin Wolle, Qualität Pingostar: 400 (400/450/500/500) g in Pékin Nr. 608 und 200 (200/200/250/250) g in Feu Nr. 531; Qualität Confortable Sport: 50 g in Chaudron Nr. 43. Je 1 Paar Stricknadeln Nr. 3 und 5.
Dieses Modell kann ebenso in den Qualitäten Sport Laine oder Mistigri nachgearbeitet werden.
Strickmuster: Mit Nadeln Nr. 5 glatt rechts = Hinreihe rechts, Rückreihe links.
Bündchenmuster: Mit Nadeln Nr. 3 abwechselnd 1 M rechts, 1 M links.
Maschenprobe: 18 M und 23 R im Strickmuster = 10 x 10 cm.

ARBEITSANLEITUNG

Rücken: 88 (92/96/100/104) M in Pékin anschlagen und 7 cm im Bündchenmuster stricken, dann im Strickmuster weiterarbeiten. In 38 (39/40/41/42) cm Gesamthöhe 8 R in Chaudron stricken und gleichzeitig für die Armausschnitte beidseitig 1 x 3 (4/4/5/5) M abketten = 82 (84/88/90/94) M. Nach den 8 R in Chaudron die Arbeit in Feu beenden.
In 62 (64/66/68/70) cm Gesamthöhe für die Schulterschrägen beidseitig in jeder 2. R 1 x 8 und 2 x 9 M (3 x 9 M/1 x 8 und 2 x 10 M/1 x 9 und 2 x 10 M/3 x 10 M) abketten. Gleichzeitig für den Halsausschnitt nach der ersten Schulterabnahme die mittleren 24 (24/26/26/28) M abketten und jede Seite getrennt beenden, dabei an jeder Halsausschnittkante nach 2 R 1 x 3 M abketten.
Vorderteil: Wie das Rückenteil anfertigen, jedoch in 56 (58/60/62/64) cm Gesamthöhe für den Halsausschnitt die mittleren 10 (10/12/12/14) M abketten und jede Seite getrennt beenden, dabei an der Halsausschnittkante in jeder 2. R 1 x 3 M, 2 x 2 M und 3 x 1 M abketten. In 62 (64/66/68/70) cm Gesamthöhe für die Schulterschräge wie beim Rückenteil abketten.
Ärmel: 46 (48/50/52/54) M in Pékin anschlagen und 7 cm im Bündchenmuster stricken. Im

Strickmuster weiterarbeiten, dabei in der 1. R 4 (6/8/10/12) M verteilt zunehmen = 50 (54/58/62/66) M. Beidseitig * in jeder 4. R 1 M, in jeder 6. R 1 M * zunehmen, insgesamt 9 x. In 47 (48/49/50/51) cm Gesamthöhe 8 R in Chaudron stricken und die 86 (90/94/98/102) M abketten.

Fertigstellung: Eine Schulternaht schließen. Für die Halsausschnittblende in Feu 99 (99/103/103/107) M rund um den Halsausschnitt auffassen und 2 cm im Bündchenmuster stricken, abketten. Die zweite Schulternaht und die Halsausschnittblende schließen, Ärmel einsetzen. Ärmel- und Seitennähte schließen.

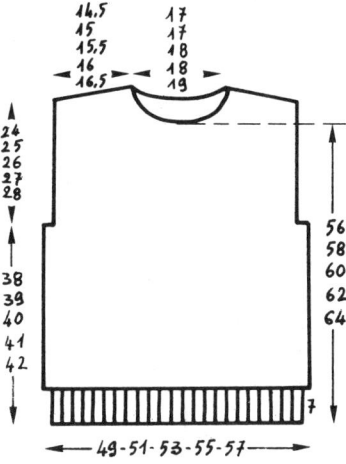

Rücken bzw. Vorderteil

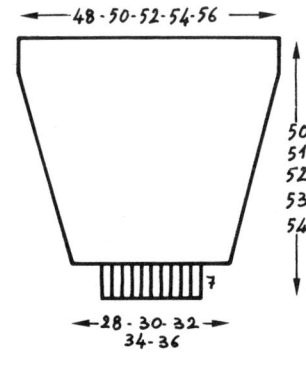

Ärmel

Größen 46, 48 und 50/52
Bei unterschiedlichen Angaben: Größen 48 und 50/52 in Klammern.
Obere Weite des Modells 104 (110/114) cm, gesamte Länge 65 (67/68) cm.

Material: H.E.C. Wolle, Qualität aarlan royal-tweed, 580 (610/650) g in Braun Nr.1325. Je 1 Paar Stricknadeln Nr.3½ und 4½, 1 Nadelspiel Nr.3½, 1 Hilfsnadel.

Strickmuster I: Mit Nadeln Nr.4½ arbeiten.
1. und 3.R (Rückreihe): Alle M rechts stricken.
2.R (Hinreihe): Randm., * 1 M rechts stricken, 1 weitere M rechts, jedoch unter den linken Bogen der vorangegangenen R einstechen.
4.R (Hinreihe): Wie die 2.R arbeiten, jedoch das Muster versetzen.
Diese 4 R fortlaufend wiederholen.

Strickmuster II: Mit Nadeln Nr.4½ über 10 M Breite arbeiten.
Rückreihe: Randm., 1 M rechts, 6 M links, 1 M rechts, Randm.
Hinreihe: Randm., 1 M links, 6 M rechts, 1 M links, Randm.
In der 7.R und weiter jede 8.R auf der Vorderseite der Arbeit bei den 6 rechten M 3 M auf eine Hilfsnadel nach hinten legen, 3 M rechts arbeiten, dann die 3 M von der Hilfsnadel rechts abstricken.

Bündchenmuster: Mit Nadeln Nr.3½ abwechselnd 1 M rechts, 1 M links.

Maschenprobe: 17½ M und 38 R im Strickmuster I = 10 x 10 cm.

Vorderteil: 82 (84/90) M anschlagen und 8 cm im Bündchenmuster stricken. Weiter im Strickmuster I arbeiten, dabei in der 1.R verteilt 11 (15/13) M aufnehmen = 93 (99/103) M. In 17 (19/19) cm Gesamthöhe auf der Rückseite der Arbeit links abketten. * Separat 10 M anschlagen und im Strickmuster II arbeiten. Nach 53 (56/58) cm abketten und die eine Längskante beim abgeketteten Strickmuster I annähen. An der anderen Längskante gleichmäßig verteilt 93 (99/103) M auffassen. Im Strickmuster I arbeiten und nach 9 cm abketten. Ab * wiederholen. Wenn 4 Zopfstreifen gearbeitet sind, die M wieder auffassen und im Strickmuster I fortfahren, dabei nach 1 cm für den Halsausschnitt die mittleren 11 M locker abketten und beidseitig davon 1 x 3, 1 x 2, 4 (5/5) x 1 M abketten. Dann in der 4.folgenden R nochmals 1 M abnehmen. Nach 7 (7/8) cm im Strickmuster I für die Schulter beidseitig 2 x 10 und 1 x 11 (3 x 11/1 x 11 und 2 x 12) M abketten.

Rücken: 82 (84/90) M anschlagen und 8 cm im Bündchenmuster arbeiten. Im Strickmuster I fortfahren, dabei in der 1.R verteilt 11 (15/13) M aufnehmen = 93 (99/103) M. Keine Zopfstreifen einstricken. In gleicher Höhe wie am Vorderteil für die Schulter an beiden Kanten in 2 bzw. 3 Stufen abketten. Die restlichen 31 (33/33) M locker abketten.

Ärmel: 48 (50/52) M anschlagen und 6 cm im

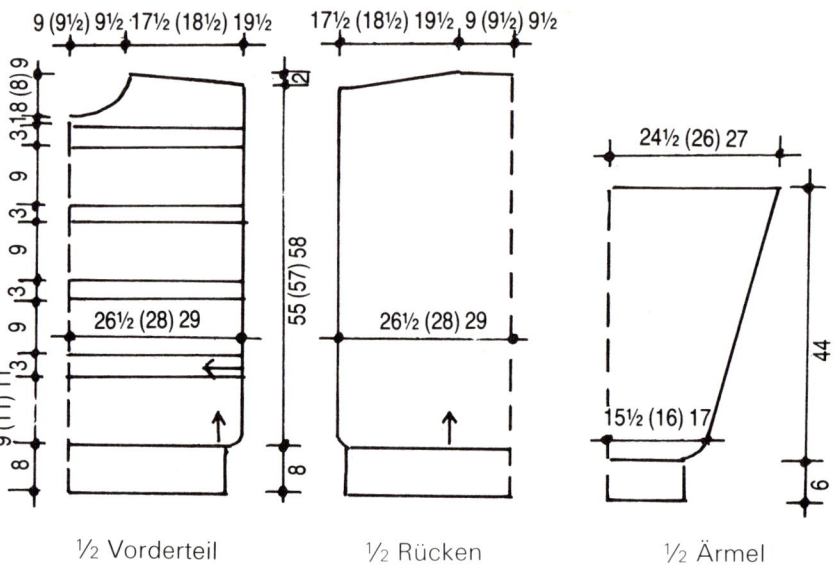

½ Vorderteil   ½ Rücken   ½ Ärmel

Bündchenmuster arbeiten. Im Strickmuster I fortfahren, dabei verteilt in der 1.R 7 (7/9) M aufnehmen = 55 (57/61) M. An beiden Kanten 7 x im Abstand von 3 cm und 8 x im Abstand von 2,5 cm (16 x im Abstand von 2,5 cm und 1 x nach 2 cm/16 x im Abstand von 2,5 cm und 1 x nach 2 cm) 1 M aufnehmen = 85 (91/95) M. In 50 cm Gesamthöhe alle M abketten.

Fertigstellung: Teile nach Schnitt spannen und mit feuchten Tüchern bedeckt trocknen lassen. Nähte schließen. Mit dem Nadelspiel am Ausschnitt des Rückenteils 31 (31/33) M auffassen und am Vorderteil 51 (51/55) M. Im Bündchenmuster arbeiten. In der 18. Rd locker abketten und das Bündchen zur Hälfte nach innen säumen. Ärmel einnähen.

EXAKT KONSTRUIERT

Streifenpulli

Größen 6, 8, 10 und 12 Jahre
Bei unterschiedlichen Angaben: Größen 8, 10 und 12 Jahre in Klammern.
Körpergröße 114 (126/138/150) cm.

Material: 3 Pagen Wolle, Qualität Lorena: 150 (200/200/250) g in Beige, 100 (100/100/150) g in Ecru, 100 (150/150/150) g in Blau; Qualität Bivouak: 50 (50/50/50) g in Rot.
Je 1 Paar Stricknadeln Nr. 3 und 4, 1 Reißverschluß, Nähgummi.
Strickmuster I: Mit Nadeln Nr. 4 glatt rechts = Hinreihe rechts, Rückreihe links.
Strickmuster II: Mit Nadeln Nr. 4 glatt rechts im Jacquardmuster nach der Strickschrift Seite 148 arbeiten.
Bündchenmuster: Mit Nadeln Nr. 3 abwechselnd 1 M rechts, 1 M links.
Maschenprobe: 18 M und 24 R im Strickmuster II = 10 x 10 cm.

ARBEITSANLEITUNG

Rücken: 72 (76/80/84) M in Beige anschlagen und 7 cm im Bündchenmuster stricken. An-

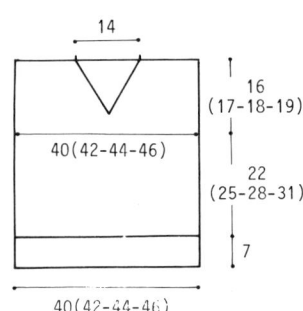

Rücken bzw. Vorderteil

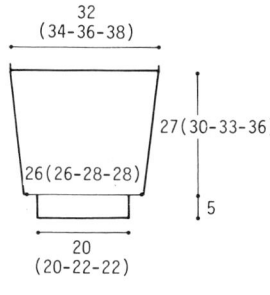

Ärmel

schließend im Strickmuster II nach der Strickschrift gerade weiterarbeiten. In 45 (49/53/57) cm Gesamthöhe alle M auf einmal locker abketten.
Vorderteil: Wie das Rückenteil anfertigen, jedoch in 34 (38/42/46) cm Gesamthöhe für die Spitze des Halsausschnitts die Arbeit in der Mitte teilen und jede Seite getrennt beenden. Dabei 1 M vom mittleren Rand entfernt in jeder 2. R 13 x 1 M abnehmen. Für diese Abnahme auf der Vorderseite der Arbeit über die M der rechten Seite vor der letzten M 2 M rechts zusammenstricken und über die M der linken Seite nach der 1. M 1 einfache Abnahme arbeiten (= 1 M abheben, die folgende M rechts stricken und die abgehobene M überziehen). In 45 (49/53/57) cm Gesamthöhe für die Schulter die 23 (25/27/29) restlichen M auf einmal locker abketten. Die andere Seite gegengleich beenden.
Ärmel: 36 (36/40/40) M in Beige anschlagen und 5 cm im Bündchenmuster stricken. Im Strickmuster II nach der Strickschrift weiterarbeiten, dabei in der 1. R gleichmäßig verteilt 10 M zunehmen = 46 (46/50/50) M. Dann beidseitig nach jeweils 4 (3,5/3,5/3) cm 6 (8/8/10) x 1 M zunehmen = 58 (62/66/70) M. In 32 (35/38/41) cm Gesamthöhe alle M auf einmal locker abketten.
Einsatz und Kragen: Mit der rechten Seite des Einsatzes beginnen. 3 M in Beige anschlagen und im Bündchenmuster stricken, dabei auf der linken Seite in jeder 2. R 18 x 1 M zunehmen = 21 M. Diese M ruhen lassen. Für die linke Seite ebenfalls 3 M in Beige anschlagen und im Bündchenmuster stricken, dabei auf der rechten Seite in jeder 2. R 18 x 1 M zunehmen = 21 M. Auch diese M ruhen lassen. Für den Kragen die 21 ruhenden M der rechten Seite des Einsatzes wieder aufnehmen, anschließend 25 M für den rückwärtigen Halsausschnitt anschlagen und die 21 ruhenden M der linken Seite des Einsatzes dazu aufnehmen = 67 M. Über diese M 10 cm im Bündchenmuster stricken. Anschließend alle M gerippt locker abketten.
Fertigstellung: Teile nach Schnitt spannen und mit feuchten Tüchern bedeckt trocknen lassen. Die Seitennähte 29 (32/35/38) cm hoch schließen. Schulter- und Ärmelnähte schließen. Ärmel einsetzen. Den Einsatz und den Kragen sorgfältig einpassen. Den Kragen zur Hälfte (5 cm) nach innen umschlagen und ansäumen, den Reißverschluß in den vorderen Einsatz (= Mitte) nähen. Auf der Rückseite des Taillenbündchens noch einige R Nähgummi einziehen.

Blouson

Größen 6, 8, 10 und 12 Jahre
Bei unterschiedlichen Angaben: Größen 8, 10 und 12 Jahre in Klammern.
Körpergröße 114 (126/138/150) cm.

Material: 3 Pagen Wolle, Qualität Suizasport, ca. l050 (1100/1100/1150) g in Rot.
Je 1 Paar Stricknadeln Nr. 3, 4 und 4½, 1 Nadelspiel Nr. 4, 1 Hilfsnadel, 7 Knöpfe.
Strickmuster I: Mit Nadeln Nr. 4 im Halbpatentmuster über eine ungerade Maschenzahl arbeiten.
1. R (Hinr.): Randm., * 1 M rechts, 1 Umschlag, 1 M links abheben. Ab * wiederholen und mit 1 M rechts, Randm. enden.
2. R (Rückr.): Randm., * 1 M links, die abgehobene M und den Umschlag der vorhergehenden R rechts zusammenstricken. Ab * wiederholen und mit 1 M links, Randm. enden.
Diese 2 R stets wiederholen.
Strickmuster II: Mit Nadeln Nr. 4½ im Zopfmuster arbeiten.
1. R (Hinr.): * 1 M rechts, 1 M links, 1 M rechts, 4 M links, 6 M rechts, 4 M links. Ab * wiederholen.
2. und alle geraden R (Rückr.): Die M stricken, wie sie erscheinen.
3. R: * 1 M rechts, 1 M links, 1 M rechts, 4 M links, 3 M auf eine Hilfsnadel vor die Arbeit legen, die 3 folgenden M rechts stricken, dann die 3 M der Hilfsnadel ebenfalls rechts stricken, 4 M links. Ab * wiederholen.
5., 7., 9. und 11. R: wie 1. R.
Ab der 1. R wiederholen.
Strickmuster III: Mit dem Nadelspiel Nr. 4 in Rd immer rechts.
Bündchenmuster: Mit Nadeln Nr. 3 abwechselnd 1 M rechts, 1 M links.
Maschenprobe: 16 M und 26 R im Strickmuster I bzw. 19 M und 20 R im Strickmuster II = jeweils 10 x 10 cm.

ARBEITSANLEITUNG

Rücken: 63 (67/71/75) M anschlagen und 5 cm im Bündchenmuster stricken. Anschließend im Strickmuster I gerade weiterarbeiten. In 24 (27/30/33) cm Gesamthöhe für den Ausschnitt des Einsatzes die mittleren M abketten und jede Seite getrennt beenden, dabei am mittleren Rand in jeder 2. R 10 x 1 und 6 x 2 (12 x 1 und 5 x 2/12 x 1 und 5 x 2/14 x 1 und 4 x 2) M abketten. Gleichzeitig in 29 (32/35/38) cm

Gesamthöhe für die Armausschnitte am äußeren Rand zuerst 1 x 3 M abketten, dann 1 M vom Außenrand entfernt in jeder 4. R 3 x 2 (in jeder 4. R 4 x 2/ in jeder 2. R 2 x 2 und in jeder 4. R 3 x 2/in jeder 2. R 3 x 2 und in jeder 4. R 3 x 2) M abnehmen.
Für diese doppelten Abnahmen auf der Vorderseite der Arbeit auf der linken Seite vor der letzten M 3 M rechts zusammenstricken und auf der rechten Seite nach der 1. M 1 doppelte Abnahme arbeiten (= 1 M abheben, die 2 folgenden M rechts zusammenstricken und die abgehobene M überziehen). Die andere Seite gegengleich stricken.
Linkes Vorderteil: 31 (33/35/37) M anschlagen und 5 cm im Bündchenmuster stricken. Im Strickmuster I fortfahren, dabei für den Ausschnitt des Einsatzes in 24 (27/30/33) cm Gesamthöhe auf der linken Seite in jeder 2. R 10 x 1 und 6 x 2 (12 x 1 und 5 x 2/12 x 1 und 5 x 2/14 x 1 und 4 x 2) M abketten. Gleichzeitig in 29 (32/35/38) cm Gesamthöhe auf der rechten Seite zuerst 1 x 3 M abketten, dann 1 M vom rechten Rand entfernt in jeder 4. R 3 x 2 (in jeder 4. R 4 x 2/in jeder 2. R 2 x 2 und in jeder 4. R 3 x 2/in jeder 2. R 3 x 2 und in jeder 4. R 3 x 2) M abnehmen. Diese Abnahmen wie beim rechten Armausschnitt des Rückens arbeiten.
Rechtes Vorderteil: Gegengleich zum linken Vorderteil stricken. Die doppelten Abnahmen

wie beim linken Armausschnitt des Rückens arbeiten.

Ärmel: 28 (32/32/36) M anschlagen und 5 cm im Bündchenmuster arbeiten. In der letzten R gleichmäßig verteilt 17 M zunehmen = 45 (49/49/53) M. Im Strickmuster I fortfahren, dabei beidseitig im Abstand von 5 (6/4,5/5) cm 4 (5/6/6) x 1 M zunehmen = 53 (59/61/65) M.

In 27 (30/33/36) cm Gesamthöhe die mittleren M abketten und jede Seite getrennt beenden, dabei am mittleren Rand in jeder 2.R 9 x 1 und 4 x 2 (11 x 1 und 3 x 2/11 x 1 und 3 x 2/13 x 1 und 2 x 2) M abketten.

In 30 (33/36/39) cm Gesamthöhe am äußeren Rand zuerst 1 x 3 M abketten, dann 1 M vom Außenrand entfernt in jeder 4.R 3 x 2 (in jeder 4.R 4 x 2/in jeder 2.R 2 x 2 und in jeder 4.R 3 x 2/in jeder 2.R 3 x 2 und in jeder 4.R 3 x 2) M abketten. Für diese doppelten Abnahmen siehe Armausschnitt des Rückenteils. Die andere Seite gegengleich arbeiten.

Einsatz des Rückenteils: 6 M anschlagen und im Strickmuster II arbeiten, dabei 6 M rechts (= 1 Zopf) in die Mitte der Arbeit stricken und beidseitig in jeder 2.R 5 x 1 und 18 x 2 (5 x 1 und 19 x 2/3 x 1 und 21 x 2/3 x 1 und 22 x 2) M zunehmen. Je nach den Zunahmen das Muster wieder bilden. Es sind 88 (92/96/100) M auf der Nadel. In 23 (24/24/25) cm Gesamthöhe alle M auf einmal locker abketten.

Einsatz des linken Vorderteils: 2 M anschlagen und im Strickmuster II wie für die Hälfte des Rückens arbeiten, dabei darauf achten, daß das Muster auf der Schulter übereinstimmt. Die gleichen Zunahmen wie bei der rechten Seite des Rückens arbeiten. In 19 (20/20/21) cm Gesamthöhe auf der linken Seite für den Halsausschnitt in jeder 2.R 1 x 4, 2 x 3 und

1 x 2 M abnehmen. In 23 (24/24/25) cm Gesamthöhe für die Schulter die 31 (33/35/37) restlichen M auf einmal locker abketten.

Einsatz des rechten Vorderteils: Gegengleich arbeiten.

Schlauchförmige Zierleiste: Mit Nadeln Nr. 4½ 197 (205/213/221) M anschlagen und 6 R im Bündchenmuster stricken. In der 7.R weiter im Bündchenmuster arbeiten, jedoch die rechte Nadel in der 1.R einstechen, um einen Schlauch zu bilden. Dann alle M gerippt locker abketten.

Fertigstellung: Teile nicht dämpfen. Die Einsätze mit einer feinen Naht einpassen. Seiten-, Schulter- und Ärmelnähte schließen. Ärmel einsetzen, dabei die Spitze der Ärmel sorgfältig einpassen. Die schlauchförmige Zierleiste auf die Naht rund um den Einsatz mit unsichtbaren Stichen aufnähen. 71 M rund um den Halsausschnitt auffassen und 14 cm im Bündchenmuster stricken, dann alle M gerippt locker abketten. Diesen Kragen zur Hälfte nach innen umschlagen und ansäumen.

Am Rand des linken Vorderteils 89 (95/101/109) M auffassen und im Bündchenmuster stricken. In 1,5 cm Blendenhöhe 7 Knopflöcher wie folgt einarbeiten: (Rückseite der Arbeit und unterer Rand des Vorderteils) 5 (5/5/6) M stricken, 2 M abketten, * 11 (12/13/14) M stricken. 2 M abketten. Ab * noch 5 x wiederholen und die restlichen M stricken. In der folgenden R die abgeketteten M neu anschlagen. In 3 cm Blendenhöhe alle M gerippt locker abketten.

Am Rand des rechten Vorderteils ebenfalls eine Blende arbeiten, jedoch ohne Knopflöcher. Die Knopflöcher umstechen und die Knöpfe annähen.

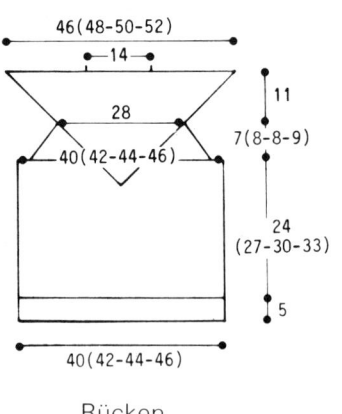

Rücken

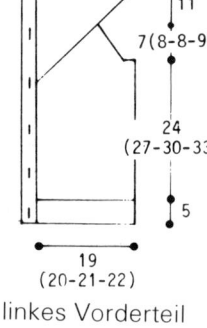

linkes Vorderteil

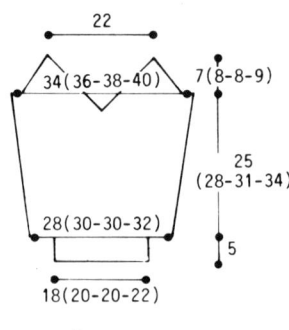

Ärmel

Pulli mit roten Motiven

Größen 8, 10 und 12 Jahre

Bei unterschiedlichen Angaben: Größen 10 und 12 Jahre in Klammern.
Körpergröße 126 (138/150) cm.

Material: 3 Pagen Wolle, Qualität Bivouak, 250 (300/300) g in Meliert, 100 (100/150) g in Blau, 150 (150/200) g in Rot. Je 1 Paar Stricknadeln Nr. 3 und 4, 1 Nadelspiel Nr. 3.
Strickmuster I: Mit Nadeln Nr. 4 glatt rechts = Hinreihe rechts, Rückreihe links.
Strickmuster II: Mit Nadeln Nr. 4 glatt rechts im Jacquardmuster nach Strickschrift Seite 147 arbeiten.
Bündchenmuster: Mit Nadeln Nr. 3 abwechselnd 1 M rechts, 1 M links.
Maschenprobe: 16 M und 26 R im Strickmuster I und II = 10 x 10 cm.

ARBEITSANLEITUNG

Vorderteil: 67 (71/75) M in Meliert anschlagen und 5 cm im Bündchenmuster stricken. Im Strickmuster II nach der Strickschrift fortfahren, dabei die Motive entsprechend der Abbildung oder nach eigenem Geschmack einarbeiten. Gerade stricken. In 41 (45/49) cm Gesamthöhe für den Halsausschnitt die 9 mittleren M abketten und jede Seite getrennt beenden, dabei am Halsrand in jeder 2. R 1 x 3, 1 x 2 und 3 x 1 M abketten. In 46 (50/54) cm Gesamthöhe für die Schulter die 21 (23/25) restlichen M auf einmal locker abketten. Die andere Seite gegengleich arbeiten.
Rückenteil: Wie das Vorderteil arbeiten, jedoch ohne Halsausschnitt, dabei darauf ach-

ten, daß die seitlichen Motive übereinstimmen. In 46 (50/54) cm Gesamthöhe alle M auf einmal locker abketten.
Ärmel: 30 (34/34) M in Meliert anschlagen und 5 cm im Bündchenmuster stricken. Im Strickmuster II weiterarbeiten, dabei in der 1. R gleichmäßig verteilt 14 M zunehmen = 44 (48/48) M. Nach der Strickschrift arbeiten, dabei die Motive entsprechend der Abbildung oder nach eigenem Geschmack einarbeiten. Gleichzeitig beidseitig im Abstand von 5 (6/5) cm 5 (5/7) x 1 M zunehmen = 54 (58/62) M. In 36 (39/42) cm Gesamthöhe alle M auf einmal locker abketten.
Kragen: 77 M in Meliert anschlagen und 10 cm im Bündchenmuster stricken. Anschließend alle M gerippt locker abketten.
Fertigstellung: Teile nach Schnitt spannen und mit feuchten Tüchern bedeckt trocknen lassen. Seitennähte 29 (32/35) cm hoch schließen. Schulter- und Ärmelnähte schließen. Ärmel einsetzen. Mit dem Nadelspiel in Meliert 76 M rund um den Halsausschnitt auffassen und 2 cm im Bündchenmuster stricken, dann alle M gerippt locker abketten. Auf der Rückseite der Arbeit die Basis der Halsausschnittleiste den Kragen entlang anpassen.

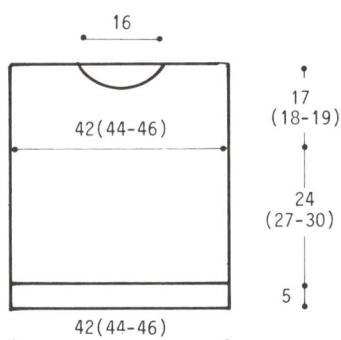

Rücken bzw. Vorderteil

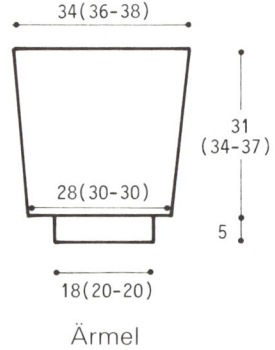

Ärmel

Jacke

Größen 46, 48 und 50
Bei unterschiedlichen Angaben: Größen 48 und 50 in Klammern.

Material: H.E.C. Wolle, Qualität aarlan sportiwo, 1550 (1200/1250) g in Rost Nr. 1966. Je 1 Paar Stricknadeln Nr. 4½ und 5½, 1 Häkelnadel, 8 Knöpfe.

Strickmuster I: Mit Nadeln Nr. 5½ arbeiten. Hinreihe: Randm., * 1 M links, 1 M rechts, ab * wiederholen. Mit 1 M links, Randm. enden. Rückreihe: Randm., * 1 M rechts, 1 M links abheben, dabei den Faden über die Nadel legen. In der folgenden Hinr. die abgehobene M mit dem Umschlag zusammen abstricken. Ab * wiederholen.

Strickmuster II: Mit Nadeln Nr. 5½ arbeiten. Rückreihe: Alle M rechts stricken. Hinreihe: Randm., * 1 M links, 1 M rechts, ab * wiederholen.

Bündchenmuster: Mit Nadeln Nr. 4½ abwechselnd 1 M rechts, 1 M links.

Maschenprobe: 18 M und 26 R im Strickmuster I bzw. 17 M und 22 R im Strickmuster II = jeweils 10 x 10 cm.

ARBEITSANLEITUNG

Rücken: 75 (79/85) M anschlagen und 7 cm im Bündchenmuster arbeiten. Auf der Rückseite der Arbeit mit Randm., 1 M rechts beginnen. Im Strickmuster I fortfahren, dabei in der 1. R verteilt 20 (20/18) M aufnehmen = 95 (99/103) M. Die Kanten bleiben gerade. In 63 (66/66) cm Gesamthöhe alle M locker abketten.

Linkes Vorderteil: 33 (35/39) M anschlagen und 7 cm im Bündchenmuster arbeiten. Auf der Rückseite der Arbeit mit Randm., 1 M links beginnen. Im Strickmuster I auf der Vorderseite der Arbeit mit Randm., 1 M rechts, 1 M links beginnen und in der 1. R verteilt 10 (10/8) M aufnehmen = 43 (45/47) M. Die R endet mit 1 M rechts, Randm. Die Rückseite der Arbeit beginnt mit Randm., 1 M abheben. In 13 (15/15) cm Gesamthöhe für die Taschenöffnung nur die seitlichen 9 (11/11) M 15 cm hoch stricken, dabei in der 1. R an der inneren Kante 1 M aufnehmen und in der letzten R diese M wieder abnehmen. Nun die übrigen M bis zur gleichen Höhe arbeiten, dabei wieder an der inneren Kante in der 1. R 1 M aufnehmen und in der letzten R wieder abnehmen. In 62 (65/65) cm Gesamthöhe für den Halsausschnitt 1 x 6, 1 x 3 und 2 x 1 M abketten. In 64 (67/67) cm Gesamthöhe für die Schulter 2 x 16 (2 x 17/2 x 18) M abketten.

Rechtes Vorderteil: Gegengleich arbeiten, dabei das Bündchenmuster und das Strickmuster I wie am linken Vorderteil beginnen.

Ärmel: 42 (44/44) M anschlagen und 6 cm im Bündchenmuster arbeiten. Im Strickmuster I fortfahren, dabei in der 1. R verteilt 17 (19/19) M aufnehmen = 59 (63/63) M. An beiden Kanten 13 x im Abstand von 3 cm und 1 x nach

2,5 cm (4 x im Abstand von 3,5 cm und 9 x im Abstand von 3 cm/8 x im Abstand von 3 cm und 7 x im Abstand von 2,5 cm) 1 M aufnehmen = 87 (89/93) M. In 50 cm Gesamthöhe beidseitig 5 x 7 M abketten. Die restlichen 17 (19/23) M abketten.

Kragen: 18 M anschlagen und im Strickmuster II arbeiten, dabei beidseitig 1 x nach 3 cm und 2 x im Abstand von 4 cm 1 M aufnehmen = 24 M. 20 cm gerade arbeiten, dann beidseitig 1 M abnehmen. Dies 2 x im Abstand von 4 cm wiederholen. Noch 3 cm weiterarbeiten und dann abketten.

Schulterpasse: 87 (91/95) M anschlagen und 6 cm im Strickmuster II arbeiten. Dann für den Halsausschnitt die mittleren 11 M abketten und beidseitig davon 1 x 4, 1 x 2 und 3 x 1 M abketten. In 10 cm Gesamthöhe für die Schulter 1 x 9 und 2 x 10 (2 x 10 und 1 x 11/3 x 11) M abketten.

Fertigstellung: Teile nach Schnitt spannen und mit feuchten Tüchern bedeckt trocknen lassen. Für den Taschenuntertritt an der seitlichen Öffnung 25 M auffassen und beidseitig 2 M dazu anschlagen. Die 29 M 13 cm hoch auf der Vorderseite der Arbeit rechts, auf der Rückseite links stricken und dann abketten. Den Untertritt auf der Innenseite ansäumen. Für die Taschenblende 27 M auffassen, beidseitig für die Randm. 1 M aufnehmen und im Bündchenmuster stricken. In der 6. R abketten und die Schmalkanten annähen.

Den Anschlag der Schulterpasse an den Abkettrand des Rückenteils annähen, dann die Schultern an die Schultern der Vorderteile annähen. Vorder- und Rückenteil so aufeinanderlegen, daß an der Armausschnittkante von den 10 cm der Passe 5,5 cm am Rückenteil und 4,5 cm am Vorderteil sind. Seiten- und Ärmelnähte schließen, dabei die Seitennähte entsprechend der Ärmelweite offenlassen. Ärmel einsetzen. Anschließend den Kragen rund um den Halsausschnitt annähen und die Hälfte nach innen säumen.

Verschlußblenden: Für eine Blende 8 M anschlagen und im Strickmuster II arbeiten, dabei die Vorderseite der Arbeit mit Randm., 1 M rechts beginnen. Wenn, leicht gestreckt, die Bruchkante des Kragens erreicht ist, abketten und die Blende am rechten Vorderteil annähen. An die äußere Kante 1R fester M häkeln. An dieser Blende die Knopflöcher wie folgt einteilen und mit Stecknadeln bezeichnen: 2 cm von der unteren Kante das 1. Knopfloch, 1,5 cm von der oberen Kante das letzte. Das 2. obere Knopfloch 6 cm von der oberen Kante einarbeiten, alle übrigen Knopflöcher gleichmäßig verteilen. Die zweite Blende stricken, dabei die Vorderseite der Arbeit mit Randm., 1 M links beginnen. Für die Knopflöcher auf der Rückseite der Arbeit die 3. bis 5. M abketten, ohne die M abzustricken, und gleichzeitig mit dem Arbeitsfaden 3 M anschlagen. Diese Blende ebenfalls annähen und die äußere Kante behäkeln. Die Knöpfe an den bezeichneten Stellen annähen.

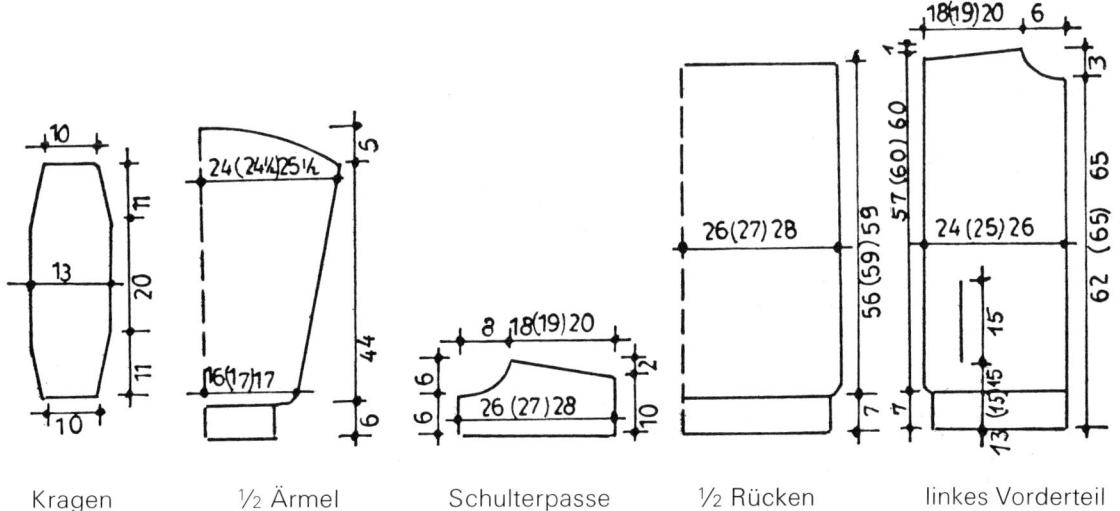

Kragen   ½ Ärmel   Schulterpasse   ½ Rücken   linkes Vorderteil

Größe 48

Material: Schoeller Wolle, Qualität esslinger forte nova, ca. 500 g in Graumeliert Nr. 18, ca. 50 g in Beige Nr. 35 und ca. 100 g in Braun Nr. 37. 1 Paar Stricknadeln Nr. 3, 1 Rundstricknadel Nr. 3, 60 cm lang.

Strickmuster I: Mit Nadeln Nr. 3 glatt rechts = Hinreihe rechts, Rückreihe links.

Strickmuster II: Mit Nadeln Nr. 3 im Jacquardmuster nach der Strickschrift glatt rechts in Norwegertechnik stricken, dabei die Fäden auf der Rückseite der Arbeit locker weiterlaufen lassen.

Den gezeichneten Mustersatz in der Breite und in der Höhe fortlaufend wiederholen. Jede R beginnt und endet mit Randm.

Bündchenmuster: Mit Nadeln Nr. 3 abwechselnd 2 M rechts, 2 M links.

Maschenprobe: 21 M und 27 R im Strickmuster II = 10 x 10 cm.

ARBEITSANLEITUNG

Rücken: 112 M in Graumeliert anschlagen und 8 cm im Bündchenmuster stricken. Im Strickmuster II fortfahren und in 69 cm Gesamthöhe alle M locker abketten.

Vorderteil: Wie das Rückenteil anfertigen, jedoch für den Ausschnitt in 51 cm Gesamthöhe die Arbeit in der Mitte teilen und beide Seiten getrennt weiterstricken. Für die Schräge am inneren Rand in jeder 2. R 24 x 1 M abketten. Die restlichen 32 M für die Schulter in 69 cm Gesamthöhe abketten. Die andere Seite gegengleich arbeiten.

Ärmel: 54 M in Graumeliert anschlagen und 8 cm im Bündchenmuster stricken, dabei in der letzten R gleichmäßig verteilt 8 M zunehmen = 62 M. Im Strickmuster II fortfahren. Für die Ärmelschrägen beidseitig 20 x abwechselnd in jeder 4. und 6. R 1 M zunehmen = 102 M. In 51 cm Gesamthöhe alle M locker abketten.

Fertigstellung: Teile nach Schnitt spannen und mit feuchten Tüchern bedeckt trocknen lassen. Alle Nähte schließen, Seitennähte bis zum Pfeil (siehe Schnittzeichnung), und die Ärmel einsetzen.

Anschließend mit der Rundstricknadel für den Schalkragen aus den Ausschnittkanten ca. 140 M auffassen und in hin- und hergehenden R im Bündchenmuster wie folgt arbeiten: Nach 14 R zur Formgebung beidseitig in jeder 2. R 1 x 6 M und 6 x 2 M stilllegen, dann noch 1 R über alle M stricken, wie sie erscheinen. Anschließend alle M locker abketten. Die linke Seite über die rechte legen und annähen.

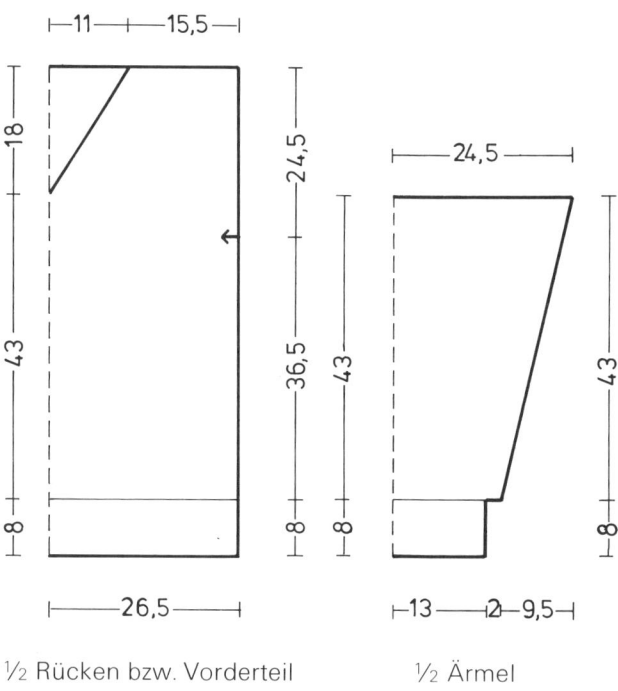

½ Rücken bzw. Vorderteil   ½ Ärmel

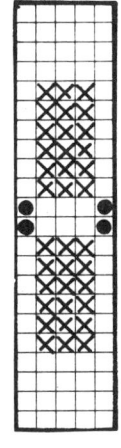

☐ = 1 M in Graumeliert
☒ = 1 M in Braun
◑ = 1 M in Beige
Es sind Hin- und Rückr. gezeichnet.

Größen 15 bis 16 Jahre, 18 Jahre, kleine Herrengröße und mittlere bis große Herrengröße.
Bei unterschiedlichen Angaben: 18 Jahre und die beiden Herrengrößen in Klammern.

Material: Pingouin Wolle, Qualität 4 Pingouins, 500 (500/550/600) g in Marine Nr. 25, je 100 g in Perse Nr. 22 und Ocre Nr. 42. Je 1 Paar Stricknadeln Nr. 3 und 3½.
Dieses Modell kann ebenso in den Qualitäten Pingofrance, Confort, Confort Irisé, Type Shetland, Laines et Mohair und Mohair 70 nachgearbeitet werden.
Strickmuster: Mit Nadeln Nr. 3½ im Phantasie-Rippenmuster arbeiten.
1. R und alle weiteren ungeraden R (Vorderseite der Arbeit): rechts.
2. R und alle weiteren geraden R: 1 Randm., * 1 M links, 1 M rechts in die Vormasche, d.h. unter der normal abzustrickenden M der Vorreihe einstechen *, 1 Randm. Von * bis * stets wiederholen.
Bündchenmuster: Mit Nadeln Nr. 3 abwechselnd 1 M rechts, 1 M links.
Maschenprobe: 25 M und 42 R im Strickmuster = 10 x 10 cm.

ARBEITSANLEITUNG

Rücken: 135 (141/145/149) M in Marine anschlagen und 8 cm im Bündchenmuster stricken, dann im Strickmuster fortfahren. In 36

(38/40/42) cm Gesamthöhe für die Raglanschrägen beidseitig, 4 M vom Rand entfernt, in jeder 4. R 23 (24/25/26) x 1 doppelte Abnahme durchführen: (an der rechten Kante) 4 M stricken, 1 M abheben, die beiden folgenden M zusammenstricken, dann die abgehobene über die gestrickte M ziehen; (an der linken Kante) jeweils die siebt-, sechst- und fünftletzte M zusammenstricken, dann die 4 letzten M abstricken.
Gleichzeitig in 38 (40/42/44) cm Gesamthöhe in folgender Farbeinteilung stricken: 8 cm in Perse, 2 cm in Marine, 8 cm in Ocre, und die Arbeit in Marine beenden. Die 43 (45/45/45) restlichen M auf einmal abketten.
Vorderteil: Wie beim Rückenteil beginnen. In 55 (57/59/61) cm Gesamthöhe für den Halsausschnitt die mittleren 13 (15/15/15) M abketten und jede Seite getrennt beenden, dabei an der Halsausschnittkante in jeder 2. R 2 x 4 M, 1 x 3 M, 1 x 2 M und 2 x 1 M abketten.
Ärmel: 63 (67/71/75) M in Marine anschlagen und 8 cm im Bündchenmuster stricken. Im Strickmuster weiterarbeiten, dabei beidseitig in jeder 6. (6./8./6.) R 22 (23/23/24) x 1 M zunehmen = 107 (113/117/123) M.
In 48 (49/50/51) cm Gesamthöhe für die Raglanschrägen beidseitig, 4 M vom Rand entfernt, die gleichen doppelten Abnahmen wie beim Rückenteil durchführen. Gleichzeitig in 50 (51/52/53) cm Gesamthöhe in folgender Farbeinteilung stricken: 8 cm in Perse, 2 cm in Marine, 8 cm in Ocre, und die Arbeit in Marine beenden. Die restlichen 15 (17/17/19) M auf einmal abketten.

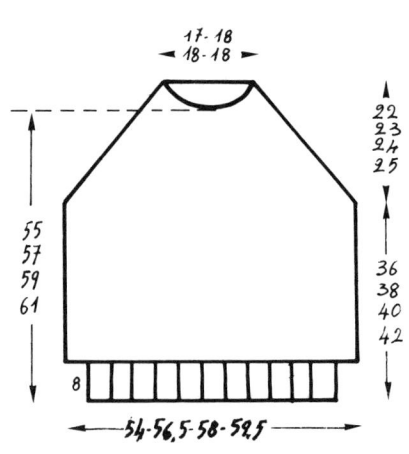

Rücken bzw. Vorderteil

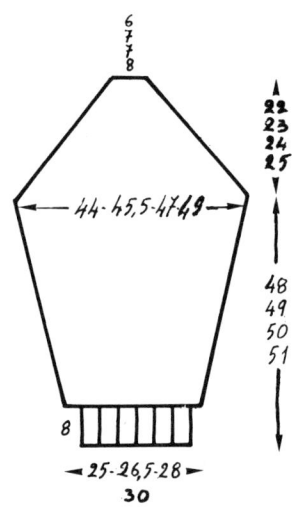

Ärmel

Fertigstellung: Die Raglannähte bis auf eine rückwärtige Naht schließen. Für die Halsausschnittblende in Marine ca. 110 (118/118/122) M rund um den Halsausschnitt auffassen und 4 cm im Bündchenmuster stricken, abketten.

Die noch offene Raglannaht und die Halsausschnittblende schließen. Die Halsausschnittblende zur Hälfte nach innen umschlagen und von links gegennähen. Ärmel- und Seitennähte schließen.

Größen 44/46 und 48/50
Bei unterschiedlichen Angaben: Größe 48/50
in Klammern.

Material: Junghans Wolle, Qualität Tweed-
Color, 950 (1050) g in Kiesel Nr. 291–120. Je
1 Paar Stricknadeln Nr. 3½ und 4, 8 Knöpfe.
Strickmuster I: Mit Nadeln Nr. 4 im Vollpatent
und ungerader Maschenzahl stricken.
1. R: Randm., * 1 Umschlag, die folgende M
links abheben, 1 M rechts. Ab * fortlaufend
wiederholen. Die R endet mit 1 Umschlag, 1 M
links abheben, Randm.
2. R: Randm., den Umschlag und die abgehobene M der Vorreihe rechts zusammenstrikken, * 1 Umschlag, die folgende M links abheben, den Umschlag und die abgehobene M
der Vorreihe rechts zusammenstricken. Ab *
fortlaufend wiederholen. Die R endet mit dem
Umschlag und die abgehobene M der Vorreihe rechts zusammenstricken, Randm.
3. R: Randm., * 1 Umschlag, die folgende M
links abheben, den Umschlag und die abgehobene M der Vorreihe rechts zusammenstricken. Ab * fortlaufend wiederholen. Die R
endet mit 1 Umschlag, die folgende M links abheben, Randm.
Die 2. und 3. R fortlaufend wiederholen.

Strickmuster II: Mit Nadeln Nr. 4 glatt rechts
= Hinreihe rechts, Rückreihe links.
Bündchenmuster: Mit Nadeln Nr. 3½ ab-
wechselnd 2 M rechts, 2 M links.
Maschenprobe: 16 M und 44 R im Strick-
muster I = 10 x 10 cm.

ARBEITSANLEITUNG

Rücken: 82 (90) M anschlagen und 5 cm im
Bündchenmuster stricken. Im Strickmuster I
fortfahren, dabei in der 1. R verteilt 1 (3) M abnehmen = 81 (87) M.
In 34 (35) cm Höhe ab Bund für die Armausschnitte beidseitig in jeder 2. R 1 x 3, 1 x 2, 2 x 1
und in jeder 4. R 3 x 1 (4 x 1) M abnehmen.
Gerade hoch weiterarbeiten.
In 53 (55) cm Höhe ab Bund für die Schulterschrägen beidseitig in jeder 2. R 7 x 3 M (6 x 3
und 1 x 4 M) abketten. In 61 (63) cm Gesamthöhe die restlichen 19 (21) M abketten.
Vorderteil: Für eine Vorderteilhälfte 42 (46) M
anschlagen und 5 cm im Bündchenmuster
stricken. Im Strickmuster I fortfahren, dabei in
der 1. R gleichmäßig verteilt 3 M abnehmen =
39 (43) M. 2 cm = 8 R hoch arbeiten. In der fol-

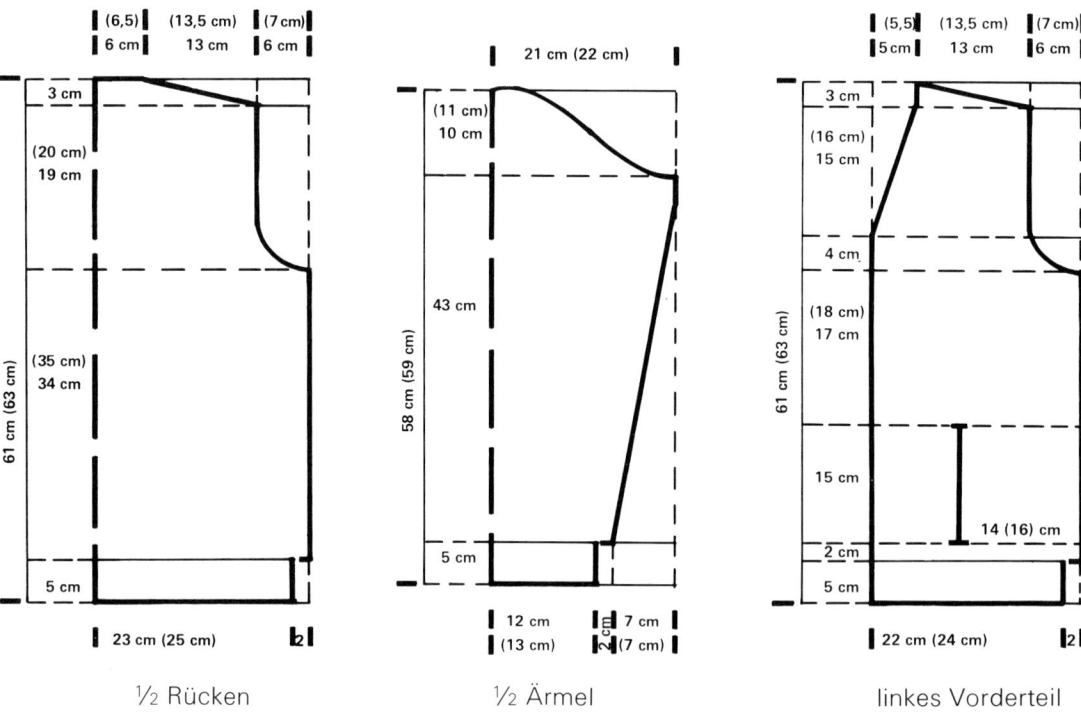

½ Rücken   ½ Ärmel   linkes Vorderteil

genden R für den Taschenschlitz vom Seiten-
rand aus die Arbeit zwischen der 23. und 24.
(27. und 28.) M teilen und getrennt weiterarbeiten, insgesamt 15 cm hoch = 66 R. Anschließend über alle 39 (43) M weiterarbeiten.
In 34 (35) cm Höhe ab Bund für den Armausschnitt in jeder 2.R 1 x 3, 1 x 2, 2 x 1 M und in
jeder 4.R 3 x 1 (4 x 1) M abnehmen.
In 38 (39) cm ab Bund für den Halsausschnitt
am vorderen Rand ab der 1.R in jeder 10.R 8 x
1 M (in jeder 8.R 10 x 1 M) abnehmen.
In 53 (55) cm Höhe ab Bund für die Schulter in
jeder 2.R 3 x 2 und 5 x 3 (2 x 2 und 6 x 3) M
abketten. Die zweite Vorderteilhälfte gegengleich arbeiten.
Ärmel: 46 (50) M anschlagen und 5 cm im
Bündchenmuster arbeiten. Im Strickmuster I
fortfahren, dabei in der 1.R 1 M abnehmen = 45
(49) M. Für die Schrägen ab der 3.R beidseitig
in jeder 18.R 11 x 1 M zunehmen = 67 (71) M.
In 43 cm Höhe ab Bund für die Armkugel beidseitig in jeder 2.R 1 x 3, 2 x 2, 7 x 1 M, dann in
jeder 4.R 3 x 1 und wieder in jeder 2.R 3 x 1

(5 x 1), 1 x 2, 1 x 3 und 1 x 4 M abnehmen. Die restlichen 9 M abketten.
Vordere Blende mit Kragen: (2 x arbeiten)
162 (172) M anschlagen und 38 R = 12 cm im
Bündchenmuster stricken, dabei in die linke
Blende in der 7. und 29.R je 4 Knopflöcher
einarbeiten: die beiden unteren Knopflöcher
über der 5. und 6.M vom unteren Rand aus, die
weiteren mit einem Zwischenraum von je 28 M.
Taschenfutter: 30 M = 15 cm anschlagen und
28 R = 10 cm im Strickmuster II stricken.
Taschenblenden: 36 M anschlagen und 12 R
= 4 cm im Bündchenmuster arbeiten.
Fertigstellung: Teile nach Schnitt spannen
und mit feuchten Tüchern bedeckt trocknen
lassen. Taschenfutter gegennähen, Taschenblenden annähen und die Schmalseiten festnähen. Schulternähte schließen. Die vorderen
Blenden einschließlich Kragen in der rückwärtigen Mitte zusammen- und annähen. Seitennähte schließen. Ärmel zusammen- und einnähen. Den Kragen zur Hälfte nach außen
umschlagen, Knöpfe annähen.

Größen 15 bis 16 Jahre, 18 Jahre, kleine, mittlere und große Herrengröße.
Bei unterschiedlichen Angaben: 18 Jahre und die drei verschiedenen Herrengrößen in Klammern.

Material: Pingouin Wolle, Qualität Sport Laine, 250 (300/300/350/350) g in Delft Nr. 520, 450 (500/500/550/600) g in Amiral Nr. 512 und 100 (100/100/100/150) g in Chaudron Nr. 528. Je 1 Paar Stricknadeln Nr. 3 und 4.
Strickmuster: Mit Nadeln Nr. 4 glatt rechts = Hinreihe rechts, Rückreihe links im Jacquardmuster nach Strickschrift Seite 148 arbeiten.
Bündchenmuster: Mit Nadeln Nr. 3 abwechselnd 1 M rechts, 1 M links.
Maschenprobe: 19 M und 22 R im Strickmuster = 10 x 10 cm.

ARBEITSANLEITUNG

Rücken: 98 (102/106/110/114) M in Amiral anschlagen und 6 (7/7/8/8) cm im Bündchenmuster stricken, anschließend im Strickmuster fortfahren. In der 1. in Amiral gestrickten R des Jacquardstreifens A 1 M abnehmen (um eine ungerade Maschenzahl zu erhalten) = 97 (101/105/109/113) M.
In 37 (38/38/39/39) cm Gesamthöhe für die Armausschnitte beidseitig 1 x 5 (5/6/6/7) M abketten = 87 (91/93/97/99) M. In der 2. in Amiral gestrickten R des Jacquardstreifens A 1 M zunehmen. Man erhält wieder eine gerade Maschenzahl = 88 (92/94/98/100) M.
In 62 (64/65/66/67) cm Gesamthöhe für die Schulterschrägen beidseitig in jeder 2. R 1 x 8 und 2 x 9 M (3 x 9 M/1 x 10 und 2 x 9 M/1 x 9 und 2 x 10 M/1 x 9 und 2 x 10 M) abketten.
Gleichzeitig für den Halsausschnitt mit der zweiten Schulterabnahme die mittleren 26 (28/28/30/32) M abketten, dann an jeder Halsausschnittkante nach 2 R 1 x 5 M abketten.
Vorderteil: Wie das Rückenteil anfertigen, jedoch in 56 (58/59/60/61) cm Gesamthöhe für den Halsausschnitt die mittleren 10 (12/12/14/16) M abketten und jede Seite getrennt beenden, dabei an der Halsausschnittkante in jeder 2. R 2 x 3 M, 2 x 2 M und 3 x 1 M abketten.
In 62 (64/65/66/67) cm Gesamthöhe für die Schulterschräge wie beim Rückenteil abketten. Anschließend die zweite Seite gegengleich beenden.
Ärmel: 52 (52/54/54/56) M in Amiral anschlagen und 6 (7/7/8/8) cm im Bündchenmuster stricken. Anschließend im Strickmuster wei-

terarbeiten, dabei in der 1. R 2 (6/8/8/10) M verteilt zunehmen = 54 (58/62/62/66) M. Beidseitig in jeder 4. R 10 x 1 M zunehmen, dann * in jeder 4. R 1 M, in jeder 6. R 1 M *. Von * bis * 4 x wiederholen. Gleichzeitig zu Beginn des Jacquardstreifens A 1 M abnehmen und in der letzten in Amiral gestrickten R wieder 1 M zunehmen. In 50 (51/51/52/52) cm Gesamthöhe die 94 (98/102/102/106) M auf einmal abketten.
Fertigstellung: Teile nach Schnitt spannen und mit feuchten Tüchern bedeckt trocknen lassen. Die rechte Schulternaht schließen. In Amiral ca. 60 (62/62/64/66) M über der vorderen Halsausschnittkante auffassen, anschließend 44 (46/46/48/50) M über der rückwärtigen Halsausschnittkante. 1,5 cm im Bündchenmuster stricken und abketten. Die linke Schulternaht und die Halsausschnittblende schließen. Ärmel einsetzen, Ärmel- und Seitennähte schließen.

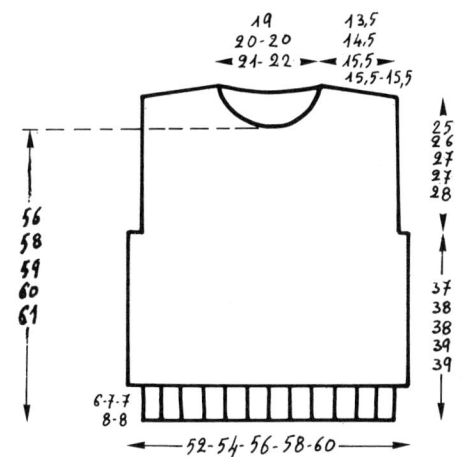

Rücken bzw. Vorderteil

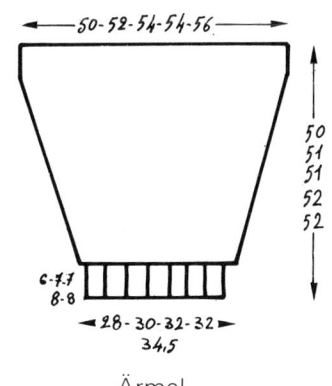

Ärmel

Größen 46/48, 50/52 und 54
Bei unterschiedlichen Angaben: Größen 50/52
und 54 in Klammern.
Obere Weite des Modells 104 (112/116) cm,
gesamte Länge 68 (70/72) cm.

Material: Lang Wolle, Qualität La Paz, 650
(700/750) g in Blau Nr. 7776. Je 1 Paar Stricknadeln Nr. 3½ und 4½.
Strickmuster: Mit Nadeln Nr. 4½ nach der
Strickschrift arbeiten.
Bündchenmuster: Mit Nadeln Nr. 3½ abwechselnd 1 M rechts, 1 M links.
Maschenprobe: 21 M im Strickmuster =
10 cm breit, 26 R = 11 cm hoch.

ARBEITSANLEITUNG

Rücken: 101 (107/113) M anschlagen und 7 cm
im Bündchenmuster stricken. Anschließend
im Strickmuster fortfahren, dabei in der 1. R
verteilt 10 M aufnehmen = 111 (117/123) M. Für
die Größen 46/48 und 54 das Strickmuster
nach der Randm. mit * 3 M links, 3 M rechts *
beginnen. In 43 (45/47) cm Gesamthöhe von
der Mittelm. ausgehend zu beiden Seiten
hin in jeder R auf der Vorderseite der Arbeit
immer 1 M mehr glatt rechts = Hinr. rechts,
Rückr. links stricken. Die übrigen M weiterhin
im Strickmuster arbeiten.
In 22 cm Höhe der glatt rechts gestrickten
Fläche (in der Arbeitsmitte gemessen) über
alle M 3 cm hoch im Bündchenmuster stricken,
locker abketten.
Vorderteil: Nach den gleichen Angaben wie
beim Rückenteil beschrieben anfertigen.
Ärmel: 52 (52/58) M anschlagen und 7 cm im
Bündchenmuster stricken. Im Strickmuster
fortfahren, dabei in der 1. R verteilt 17 M aufnehmen = 69 (69/75) M (für Größe 54 das Strickmuster nach der Randm. mit * 3 M links, 3 M
rechts * beginnen). An beiden Rändern 8 x in
jeder 6. R und weiter 14 x in jeder 4. R 1 M aufnehmen = 113 (113/119) M. In 50 cm Gesamthöhe alle M locker abketten.
Fertigstellung: Teile nach Schnitt spannen
und mit feuchten Tüchern bedeckt trocknen
lassen. Die Schulternähte 12 (14/15) cm breit
schließen, Seitennähte schließen, dabei für
die Ärmel 27 (27/28) cm offenlassen. Ärmelnähte schließen, Ärmel einsetzen.

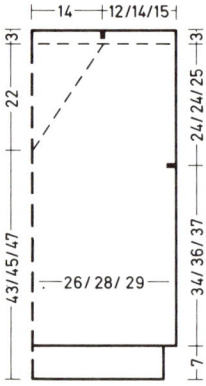

½ Rücken bzw. Vorderteil

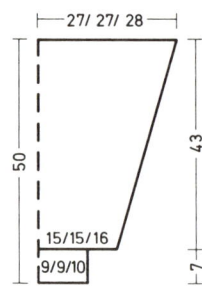

½ Ärmel

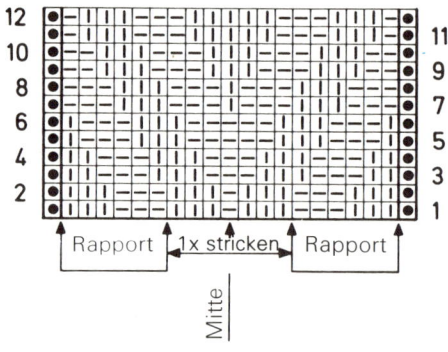

● = Randm.
I = 1 M Hinr. rechts,
Rückr. links stricken
— = 1 M Hinr. links,
Rückr. rechts stricken

Größen 15 bis 16 Jahre, 18 Jahre, kleine bis mittlere Herrengröße, große Herrengröße. Bei unterschiedlichen Angaben: 18 Jahre und die zwei verschiedenen Herrengrößen in Klammern.

Material: Pingouin Wolle, Qualität Confortable Sport, 600 (650/700/750) g in Cactus Nr. 13, je 50 g in Chaudron Nr. 43 und Anémone Nr. 33, je 100 g in Serbie Nr. 41 und Grenat Nr. 24. Je 1 Paar Stricknadeln Nr. 4 und 5, 1 Reißverschluß. Ersatzqualitäten: Orage oder Multicolore.

Strickmuster I: Mit Nadeln Nr. 5 glatt rechts = Hinreihe rechts, Rückreihe links.

Strickmuster II: Mit Nadeln Nr. 5 glatt rechts im Jacquardmuster nach der Strickschrift Seite 149 arbeiten.

Strickmuster III: Mit Nadeln Nr. 4 im Rippenmuster 2 M rechts, 2 M links.

Bündchenmuster: Mit Nadeln Nr. 4 abwechselnd 1 M rechts, 1 M links.

Maschenprobe: 16 M und 19 R im Strickmuster I bzw. 18 M und 19 R im Strickmuster II = jeweils 10 x 10 cm.

ARBEITSANLEITUNG

Rücken: 78 (84/90/94) M in Cactus anschlagen und 7 cm im Bündchenmuster stricken. Im Strickmuster I weiterarbeiten. In 36 (37/39/40) cm Gesamthöhe für die Armausschnitte beidseitig 1 x 3 (4/5/5) M abketten = 72 (76/80/84) M. In 60 (62/65/67) cm Gesamthöhe für die Schulterschrägen beidseitig in jeder 2. R 1 x 6 und 2 x 7 M (3 x 7 M/1 x 7 und 2 x 8 M/3 x 8 M) abketten. Gleichzeitig für den Halsausschnitt nach der 1. Schulterabnahme die mittleren 14 (16/16/18) M abketten und jede Seite getrennt beenden, dabei an der Halsausschnittkante nach 2 R 1 x 9 M abketten.

Vorderteil: Wie Rückenteil arbeiten, jedoch in 39 (41/44/46) cm Gesamthöhe für den Einsatzbeginn die 40 mittleren M stillegen und jede Seite getrennt beenden. In 60 (62/65/67) cm Gesamthöhe für die Schulterschräge in jeder 2. R 2 x 8 (9/10/11) M abketten.

Einsatz: Mit Nadeln Nr. 4 in Cactus 1 M anschlagen, die 20 ersten der stillgelegten M für den Einsatz wieder aufnehmen und wie folgt stricken: * 2 M rechts, 1 M links, aus dieser M 1 Zunahme vornehmen, dabei die M links stricken *. Von * bis * 5 x wiederholen. Mit 2 M rechts enden und noch 1 M zunehmen. Im Strickmuster III mit einer 3 M breiten Rippe beidseitig stricken. Nach 16 cm Einsatzhöhe

für den Halsausschnitt in jeder 2. R 1 x 6 (7/7/8) M, 1 x 4 M, 1 x 3 M, 1 x 2 M, 4 x 1 M abketten. Nach 23 cm Einsatzhöhe die restlichen M abketten. Über die restlichen 20 stillgelegten M gegengleich arbeiten.

Ärmel: 39 (43/47/51) M in Cactus anschlagen und 5 (6/7/8) cm im Bündchenmuster stricken, dabei in der letzten R verteilt 12 M zunehmen = 51 (55/59/63) M. Im Strickmuster II weiterarbeiten. Den Ärmel mit den R 3, 4, 5, 6 und 7 der Strickschrift und 3 R in Anémone beenden. Beidseitig in jeder 4. R 18 x 1 M zunehmen. Nach der letzten R in Anémone die 87 (91/95/99) M abketten.

Fertigstellung: Die Seitennähte des Einsatzes schließen, Schulternähte schließen, Ärmel einsetzen. Ärmel- und Seitennähte schließen. Für den Kragen in Cactus 84 (88/88/92) M rund um den Halsausschnitt auffassen und 12 cm im Strickmuster III stricken, dabei mit 3 M rechts beginnen und enden, abketten. Den Kragen zur Hälfte nach innen umschlagen und von links gegennähen. Reißverschluß einsetzen.

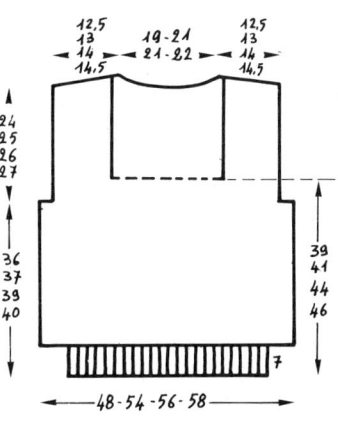

Rücken bzw. Vorderteil

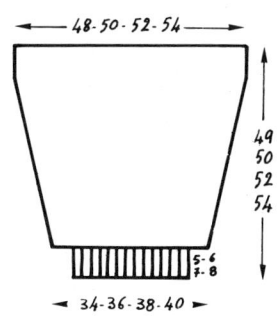

Ärmel

Größen 15 bis 16 Jahre, 18 Jahre, kleine, mittlere und große Herrengröße.
Bei unterschiedlichen Angaben: 18 Jahre und die drei verschiedenen Herrengrößen in Klammern.

Material: Pingouin Wolle, Qualität Confortable Sport, 450 (500/500/550/550) g in Cactus Nr. 13, 300 (350/350/400/400) g in Serbie Nr. 41. Je 1 Paar Stricknadeln Nr. 3½ und 5.
Dieser Pulli kann ebenso in den Qualitäten Orage oder Multicolore nachgearbeitet werden.
Strickmuster I: Mit Nadeln Nr. 5 glatt rechts = Hinreihe rechts, Rückreihe links.
Strickmuster II: Mit Nadeln Nr. 5 glatt rechts im Jacquardmuster nach der Strickschrift Seite 150 arbeiten.
Bündchenmuster: Mit Nadeln Nr. 3½ abwechselnd 1 M rechts, 1 M links.
Maschenprobe: 18 M und 19 R im Strickmuster II = 10 x 10 cm.

ARBEITSANLEITUNG

Rücken: 90 (94/98/102/106) M in Cactus anschlagen und 8 cm im Bündchenmuster stricken. Anschließend zunächst 2 R im Strickmuster I arbeiten, danach im Strickmuster II fortfahren. In 61 (63/65/67/69) cm Gesamthöhe für die Schulterschrägen beidseitig in jeder 2. R 3 x 9 M (1 x 10 und 2 x 9 M/1 x 9 und 2 x 10 M/3 x 10 M/1 x 11 und 2 x 10 M) abketten. Die restlichen 36 (38/40/42/44) M auf einmal abketten.
Vorderteil: Wie das Rückenteil arbeiten, jedoch in 54 (56/58/60/62) cm Gesamthöhe für den Halsausschnitt die mittleren 18 (20/22/24/26) M abketten und jede Seite getrennt beenden, dabei an der Halsausschnittkante in jeder 2. R 1 x 3 M, 1 x 2 M und 4 x 1 M abketten. In 61 (63/65/67/69) cm Gesamthöhe für die Schulterschräge wie beim Rückenteil 3 x abketten.
Ärmel: 42 (42/44/46/46) M in Cactus anschlagen und 7 cm im Bündchenmuster stricken, dabei in der letzten R 12 (14/14/14/16) M verteilt zunehmen = 54 (56/58/60/62) M. Im Strickmuster II weiterarbeiten, dabei beidseitig in jeder 6. R 4 (4/8/8/8) x 1 M zunehmen. Anschließend in jeder 4. R 12 (12/8/8/8) x 1 M zunehmen = 86 (88/90/92/94) M. In 45 (47/49/51/52) cm Gesamthöhe abketten.
Fertigstellung: Teile nach Schnitt spannen und mit feuchten Tüchern bedeckt trocknen lassen. Die rechte Schulternaht schließen. In Cactus ca. 48 (50/52/54/56) M über der vorderen Halsausschnittkante auffassen, im Anschluß daran 36 (38/40/42/44) M über der rückwärtigen Halsausschnittkante, und 3 cm im Bündchenmuster stricken, abketten. Die Halsausschnittblende und die linke Schulternaht schließen. Ärmel einsetzen, Ärmel- und Seitennähte schließen.

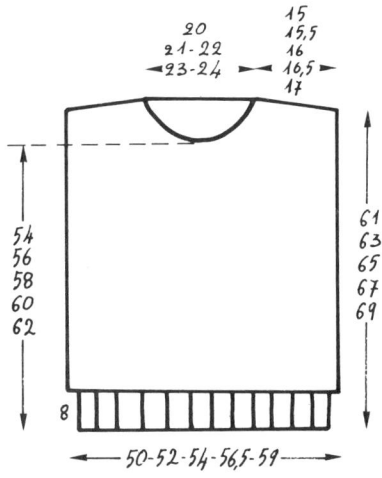

Rücken bzw. Vorderteil

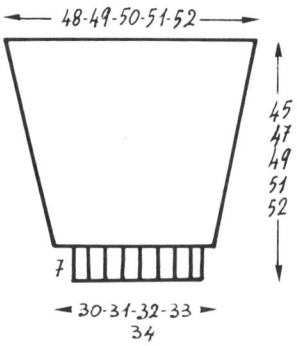

Ärmel

Größen 15 bis 16 Jahre, 18 Jahre, kleine bis mittlere Herrengröße, große Herrengröße.
Bei unterschiedlichen Angaben: 18 Jahre und die beiden Herrengrößen in Klammern.

Material: Pingouin Wolle, Qualität Confortable Sport, 750 (800/850/900) g in Palombe Nr. 06. Je 1 Paar Stricknadeln Nr. 3½ und 4½, 1 Nadelspiel Nr. 3½.
Dieses Modell kann ebenso in den Qualitäten Orage, Tweedé oder Multicolore nachgearbeitet werden.

Strickmuster I: Mit Nadeln Nr. 4½ glatt links = Hinreihe links, Rückreihe rechts.

Strickmuster II: Mit Nadeln Nr. 4½ glatt rechts = Hinreihe rechts, Rückreihe links.

Strickmuster III: Mit Nadeln Nr. 4½ im Krausmuster = immer rechts (1 Krausrippe = 2 R) arbeiten.

Strickmuster IV: Mit Nadeln Nr. 4½ im Phantasiemuster nach der Strickschrift Seite 151 arbeiten.

Bündchenmuster: Mit Nadeln Nr. 3½ abwechselnd 1 M rechts, 1 M links.

Maschenprobe: 18 M und 22 R im Strickmuster II = 10 x 10 cm.

ARBEITSANLEITUNG

Rücken: 83 (87/91/95) M anschlagen und 7 (7/8/8) cm im Bündchenmuster stricken. Dann zunächst 2 R im Strickmuster II arbeiten, dabei in der 1. R 10 M verteilt zunehmen = 93 (97/101/105) M. Anschließend im Strickmuster IV weiterarbeiten.
In 38 (40/42/42) cm Gesamthöhe beidseitig 1 x 2 M zunehmen und nach der Strickschrift arbeiten, dabei beidseitig 5 M im Strickmuster III stricken = 97 (101/105/109) M. In ca. 66 (68/70/70) cm Gesamthöhe (nach der letzten R des letzten Motivs im Strickmuster IV) für den Halsausschnitt die mittleren 33 (35/37/39) M abketten und die 32 (33/34/35) M beidseitig für die Schultern stilllegen.

Vorderteil: Wie das Rückenteil anfertigen. In 58 (60/62/62) cm Gesamthöhe für den Halsausschnitt die 11 (13/15/17) mittleren M abketten und jede Seite getrennt beenden, dabei an der Halsausschnittkante in jeder 2. R 1 x 3 M, 2 x 2 M und 4 x 1 M abketten. In ca. 66 (68/70/70) cm Gesamthöhe die M stilllegen.

Ärmel: 40 (42/44/46) M anschlagen und 7 (7/8/8) cm im Bündchenmuster stricken. Im Strickmuster IV fortfahren, dabei in der 1. R 14 M verteilt zunehmen = 54 (56/58/60) M. Beidseitig je 1 M in jeder 4. R 2 (0/0/0) x, in jeder 6. R 12 (14/13/11) x, dann in jeder 8. R 0 (0/1/3) x zunehmen = 82 (84/86/88) M.
In ca. 44 (46/48/50) cm Gesamthöhe (nach der letzten R des letzten Motivs im Strickmuster IV) alle M auf einmal abketten.

Fertigstellung: Schulternähte im Maschenstich schließen. Für die Halsausschnittblende mit dem Nadelspiel ca. 92 (96/100/104) M rund um den Halsausschnitt auffassen, 1,5 cm im Bündchenmuster stricken und abketten. Ärmel einsetzen, Ärmel- und Seitennähte schließen.

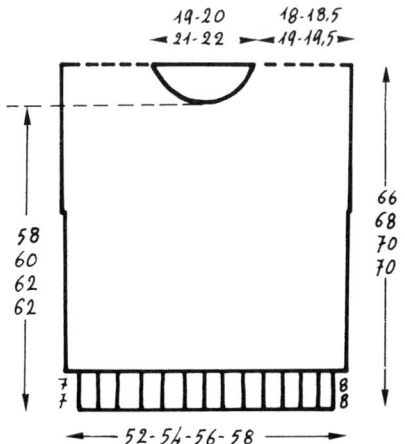

Rücken bzw. Vorderteil

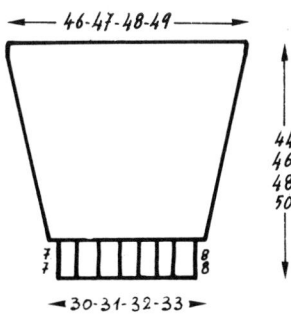

Ärmel

sommerlich

WIE GEFLOCHTEN

Herrenpullover

Größen 48/50 und 52/54
Bei unterschiedlichen Angaben: Größe 52/54
in Klammern.
Obere Weite des Modells 110 (120) cm,
gesamte Länge 65 (69) cm, Ärmellänge 51
(53) cm.

Material: Sjöberg Wolle, Qualität Pigalle, 700
(750) g in Natur Nr. 801. Je 1 Paar Stricknadeln
Nr. 3½ und 4 – 4½.
Strickmuster: Mit Nadeln Nr. 4 – 4½ nach der
Strickschrift Seite 146 arbeiten.
Bündchenmuster: Mit Nadeln Nr. 3½ ab-
wechselnd 1 M rechts, 1 M links.
Maschenprobe: 20 M im Strickmuster =
10 cm.

ARBEITSANLEITUNG

Rücken: 88 (98) M anschlagen und 7 cm im
Bündchenmuster stricken. In der letzten R
gleichmäßig verteilt 24 M zunehmen. Im
Strickmuster nach der Strickschrift weiterar-
beiten. In 61 (65) cm Gesamthöhe mit einer
Raute aufhören und noch 4 cm im Bündchen-
muster stricken. M abketten.
Vorderteil: Nach den gleichen Angaben, wie
beim Rückenteil beschrieben, anfertigen.
Ärmel: 44 M anschlagen und 7 cm im Bündchenmuster stricken. In der letzten R verteilt
18 M zunehmen. Im Strickmuster nach der
Strickschrift weiterarbeiten, jedoch jeweils 1
Randm. am Anfang und am Ende stricken. Im
Abstand von 1,5 (2) cm beidseitig 1 M zunehmen, bis 110 (114) M auf der Nadel sind. In 51
(53) cm Gesamthöhe alle M abketten.
Fertigstellung: Teile nach Schnitt spannen
und mit feuchten Tüchern bedeckt trocknen
lassen. Anschließend alle Nähte schließen,
Ärmel einsetzen.

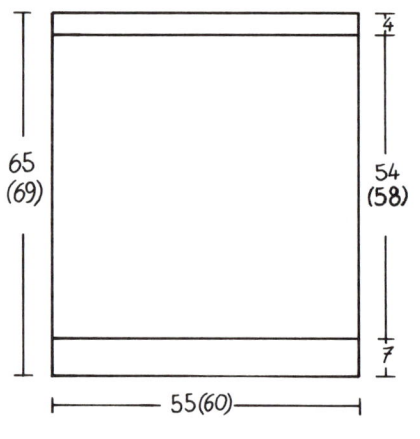

Rücken bzw. Vorderteil

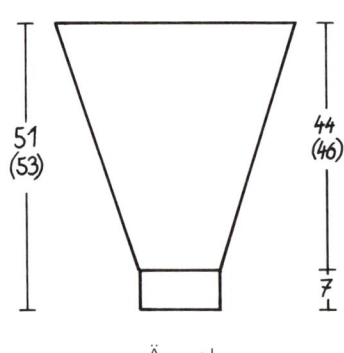

Ärmel

Kinderpulli

Größen 6 bis 8, 10 bis 12 Jahre
Bei unterschiedlichen Angaben: 10 bis 12 Jahre in Klammern.
Obere Weite des Modells 80 (90) cm, gesamte Länge 45 (50) cm, Ärmellänge 32 (39) cm.

Material: Sjöberg Wolle, Qualität Pigalle, 450 (500) g in Hellgrau Nr. 802. Je 1 Paar Stricknadeln Nr. 3½ und 4.
Strickmuster: Mit Nadeln Nr. 4 nach der Strickschrift Seite 146 arbeiten.
Bündchenmuster: Mit Nadeln Nr. 3½ abwechselnd 1 M rechts, 1 M links.
Maschenprobe: 20 M im Strickmuster = 10 cm.

ARBEITSANLEITUNG

Rücken: 56 (66) M anschlagen und 6 cm im Bündchenmuster stricken. In der letzten R verteilt 16 M zunehmen. Im Strickmuster nach der Strickschrift weiterarbeiten. In 41 (46) cm Gesamthöhe noch 4 cm im Bündchenmuster stricken. M abketten.
Vorderteil: Nach den gleichen Angaben, wie beim Rückenteil beschrieben, anfertigen.
Ärmel: 36 M anschlagen und 6 cm im Bündchenmuster stricken. In der letzten R verteilt 16 M zunehmen und im Strickmuster nach der Strickschrift weiterarbeiten, jedoch jeweils 1 Randm. am Anfang und am Ende stricken. Im Abstand von 3,5 cm beidseitig 1 M zunehmen, bis 68 (72) M auf der Nadel sind. In 32 (39) cm Gesamthöhe alle M abketten.

Fertigstellung: Teile nach Schnitt spannen und mit feuchten Tüchern bedeckt trocknen lassen. Schulter-, Seiten- und Ärmelnähte schließen, dabei die Seitennähte entsprechend der Ärmelweite offenlassen. Für den Halsausschnitt 20 cm offenlassen. Ärmel einsetzen.

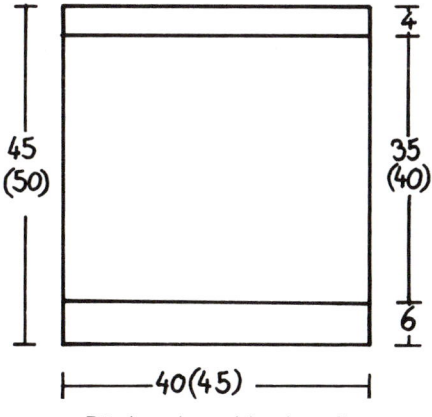

Rücken bzw. Vorderteil

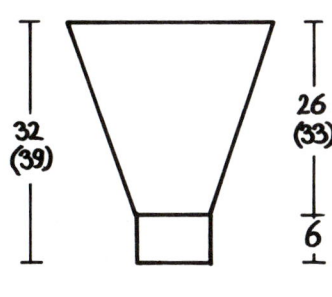

Ärmel

Größen 48/50 und 52/54

Bei unterschiedlichen Angaben: Größe 52/54 in Klammern.
Obere Weite des Modells 96-100 (104-108) cm plus 12 cm Schnittzugabe.

Material: Schachenmayr Wolle, Qualität Saskia, 300 (350) g in Flachs Nr. 2153 = I. Farbe, 300 (350) g in Heu Nr. 2152 = II. Farbe. Je 1 Paar Stricknadeln Nr. 3 und 3–3½, 1 Hilfsnadel, 8 Knöpfe.

Grundmuster I: Mit Nadeln Nr. 3–3½ in Heu glatt rechts = Hinreihe rechts, Rückreihe links.

Grundmuster II: Mit Nadeln Nr. 3–3½ in Heu glatt links = Hinreihe links, Rückreihe rechts.

Zopfmuster: Mit Nadeln Nr. 3–3½ in Flachs die Hinreihen nach der Strickschrift Seite 146 arbeiten. In den Rückreihen die M stricken, wie sie erscheinen. Die 1.–10. R fortlaufend wiederholen.

Einteilung für Vorderteil: Randm., bei Pfeil A (B) der Strickschrift beginnen, den Mustersatz (MS) zwischen den Doppelpfeilen 2 x stricken und bei Pfeil D enden = 46 (48) M.

Beim Rückenteil die M gegengleich einteilen. Einteilung für den linken Ärmel: 1 x von Pfeil C bis Pfeil D stricken und 1 x von Pfeil C bis zum linken Doppelpfeil stricken = 36 M.

Bündchenmuster: Mit Nadeln Nr. 3 abwechselnd 2 M rechts, 2 M links.

Maschenprobe: 22 M und 30 R im Grundmuster I und II = 10 x 10 cm; 26 M und 30 R im Zopfmuster = 10 x 10 cm.

ARBEITSANLEITUNG

Bei Rücken und Vorderteil mit 2 Knäueln arbeiten und beim Farbwechsel die Fäden auf der Rückseite der Arbeit stets verkreuzen.

Vorderteil: 126 (132) M in Flachs (I. Farbe) anschlagen und 3 cm = 10 R im Bündchenmuster stricken, dabei die letzte Rückr. links stricken. Anschließend in Flachs (I. Farbe) in der 1. Zopfmusterreihe zwischen den ersten 40 M verteilt 6 (8) M zunehmen = 46 (48) M. Über die restlichen 86 (92) M im Grundmuster I in Heu (II. Farbe) arbeiten.

In 36,5 cm Gesamthöhe = 110 R statt Grundmuster I jetzt Grundmuster II stricken, das Zopfmuster wird weitergeführt.

In 53,5 (54,5) cm Gesamthöhe = 161 (164) R für den Halsausschnitt die mittleren 23 (27) M abketten und jede Seite getrennt beenden, dabei an der Halsausschnittkante an der rechten Seite (Zopfmusterseite) in jeder 2. R 1 x 4, 1 x 3, 3 x 2 und 4 x 1 M abketten, an der linken Seite 1 x 4, 1 x 3, 2 x 2 und 5 x 1 M abketten.

In 58 (59) cm Gesamthöhe = 174 (177) R für die

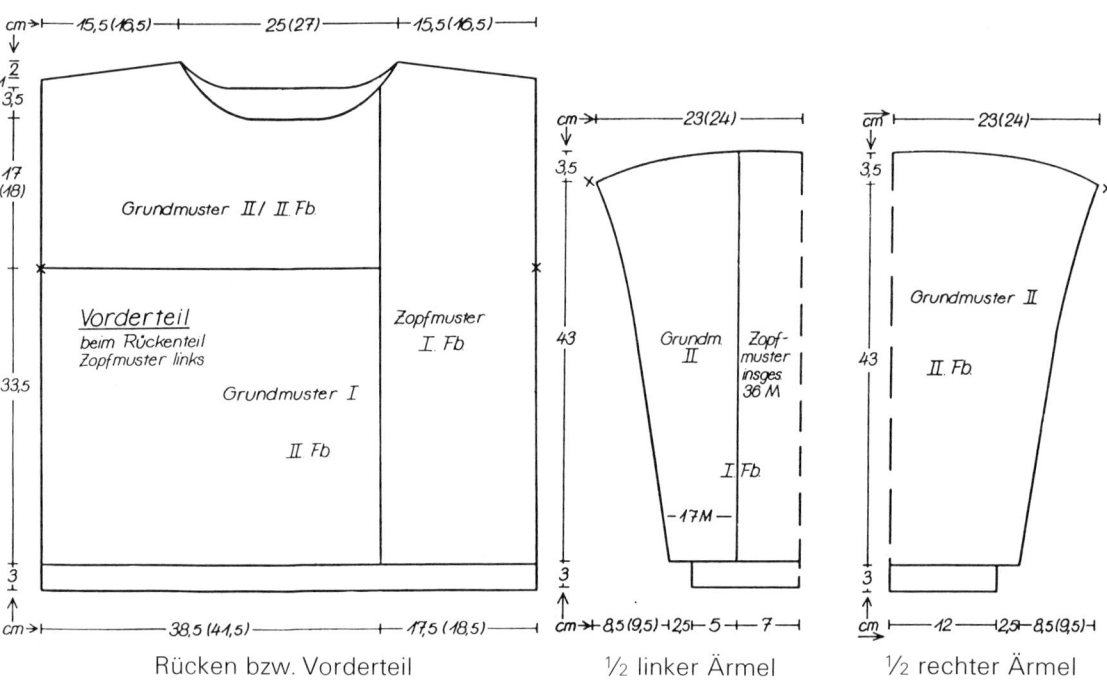

Rücken bzw. Vorderteil   ½ linker Ärmel   ½ rechter Ärmel

Schulterschräge an der linken Seite in jeder 2.R 1 x 11 und 2 x 12 M (2 x 12 und 1 x 13 M) und an der rechten Seite 2 x 14 und 1 x 13 M (1 x 15 und 2 x 14 M) abketten.

Rücken: Wie das Vorderteil arbeiten, jedoch das Zopfmuster links einarbeiten.

In 57 (58) cm Gesamthöhe = 171 R für den Halsausschnitt die mittleren 33 (37) M abketten und jede Seite getrennt beenden, dabei an der Halsausschnittkante in jeder 2.R an der rechten Seite 4 x 3 M und an der linken Seite 3 x 3 M und 1 x 2 M abketten.

Die Schulterschräge, wie am Vorderteil beschrieben, stricken.

Linker Ärmel: 64 M in Flachs anschlagen und 3 cm = 10 R im Bündchenmuster stricken. Wie folgt fortfahren und in der 1.R verteilt 6 M zunehmen = insgesamt 70 M: 17 M Grundmuster II, 36 M Zopfmuster, 17 M Grundmuster II. Anschließend beidseitig 7 (11) x 1 M in jeder 4.R und 12 (10) x 1 M in jeder 8.R zunehmen = 108 (112) M.

In 46 cm Gesamthöhe = 138 R beidseitig in jeder 2.R 4 (2) x 7 M, 1 (3) x 8 M abnehmen und dann die restlichen 36 M auf eine Hilfsnadel nehmen.

Rechter Ärmel: 64 M in Heu anschlagen und 3 cm = 10 R im Bündchenmuster arbeiten. Im Grundmuster II fortfahren, dabei beidseitig 12 (10) x 1 M in jeder 8.R und 7 (11) x 1 M in jeder 4.R zunehmen = 102 (106) M.

In 46 cm Gesamthöhe = 138 R beidseitig in jeder 2.R 4 (2) x 7 M, 1 (3) x 8 M abnehmen und anschließend die restlichen 30 M auf eine Hilfsnadel nehmen.

Blenden: Für die vordere Schulter- und Halsausschnittblende 128 (136) M in Flachs anschlagen und im Bündchenmuster stricken, dabei stets mit 1 Randm. beginnen und enden. In der 5.R für die Knopflöcher wie folgt arbeiten: Randm., * 6 M stricken, 2 M abketten, ab * 3 x wiederholen, 62 (70) M stricken, * * 2 M abketten, 6 M stricken, ab * * 3 x wiederholen, Randm. In der folgenden R die abgeketteten M durch neuangeschlagene M ersetzen. Nach insgesamt 3 cm = 10 R ab Anschlag die M gut auf Schulter- und Halsausschnittrand verteilen und mit Steppstichen aufnähen.

Die rückwärtige Blende ebenso arbeiten, jedoch ohne Knopflöcher.

Fertigstellung: Teile nach Schnitt spannen und mit feuchten Tüchern bedeckt trocknen lassen. Die Seitenränder der Blenden aufeinanderlegen, die vordere Blende obenauf, und zusammennähen.

Die Hilfsnadelmaschen der Ärmel mit Steppstichen auf die Blendenränder und die seitlichen Ränder von Rücken- und Vorderteil nähen (siehe markierte Stellen in der Schnittzeichnung). Anschließend Seiten- und Ärmelnähte schließen. Knopflöcher umstechen und Knöpfe annähen.

Größen 44/46, 48/50 und 52/54

Bei unterschiedlichen Angaben: Größen 48/50 und 52/54 in Klammern.

Obere Weite 88–92 (96–100/104–108) cm. Das Modell hat zusätzliche Weite.

Material: Scheepjeswol, Qualität Linnen, 750 (800/800) g in Weiß Nr. 261. Je 1 Paar Stricknadeln Nr. 3½ und 4, 1 Nadelspiel Nr. 3½.

Strickmuster I: Mit Nadeln Nr. 4 glatt rechts = Hinreihe rechts, Rückreihe links nach der Strickschrift Seite 152 arbeiten.

Strickmuster II: Mit Nadeln Nr. 4 glatt links = Hinreihe links, Rückreihe rechts nach der Strickschrift Seite 152 arbeiten.

Bündchenmuster: Mit Nadeln Nr. 3½ abwechselnd 1 M rechts, 1 M links.

Maschenprobe: 19 M und 25 R im Strickmuster I = 10 x 10 cm.

ARBEITSANLEITUNG

Der Pullover wird durchgehend mit doppeltem Faden gearbeitet.

Vorderteil: 94 (100/106) M anschlagen und 6 cm im Bündchenmuster stricken, dabei in der letzten R auf das Bündchen verteilt 8 (10/12) M aus dem Querdraht rechts verschränkt herausstricken = 102 (110/118) M. Im Strickmuster I und II nach der Strickschrift (1 Kästchen = 1 M x 1 R) weiterarbeiten. Nach 124 (132/140) R ab Bund für den Halsausschnitt die mittleren 8 M abketten und getrennt weiterarbeiten, dabei am Halsrand noch jeweils 2 x 3, 2 x 2 und 4 x 1 M in jeder 2. R abketten. Nach 20 R ab Beginn des Halsausschnittes die für die Schulter übriggebliebenen jeweils 33 (37/41) M auf einmal abketten. Die Gesamthöhe beträgt 63,5 (67/70) cm.

Rücken: Wie das Vorderteil anfertigen, jedoch die Strickschrift gegengleich arbeiten und den Halsausschnitt weglassen.

Ärmel: 52 M anschlagen und 6 cm im Bündchenmuster stricken. Im Strickmuster I fortfahren, dabei in der 1. R auf das Bündchen verteilt 10 M aus dem Querdraht rechts verschränkt herausstricken = 62 M. Für die Ärmelschräge 21 (23/23) x in jeder 5. R beidseitig je 1 M zunehmen. Nach 120 (126/126) R ab Bund alle 104 (108/108) M auf einmal locker abketten. Die Gesamthöhe beträgt 54 (56/56) cm.

Fertigstellung: Schulternähte schließen, Ärmel annähen, Seiten- und Ärmelnähte schließen. Für das Halsbündchen mit dem Nadelspiel 90 M auffassen und 2,5 cm im Bündchenmuster stricken. M locker abketten.

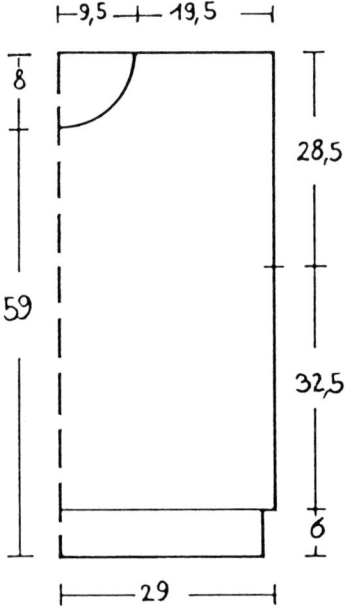

½ Rücken bzw. Vorderteil

Größe 48/50

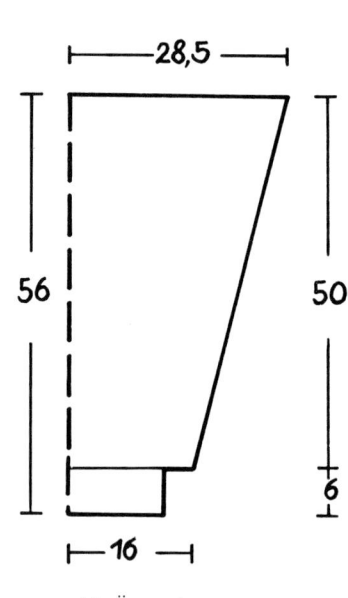

½ Ärmel

Größe 52/54

Material: Italana Wolle, Qualität Nr. 25, 750 g in Blaumeliert Nr. 2508. Je 1 Paar Stricknadeln Nr. 3½ und 5, 1 Hilfsnadel.

Grundmuster: Mit Nadeln Nr. 5 arbeiten. Ein Rapport geht über 5 M.
1. R (Hinr.): * 3 M rechts, 2 M links *.
2. R (Rückr.): M stricken, wie sie erscheinen.
3. R (Hinr.): wie die 1. R stricken.
4. R (Rückr.): M stricken, wie sie erscheinen.
5. R (Hinr.): * 3 M links, 2 M rechts *.
6. R (Rückr.): M stricken, wie sie erscheinen.
7. R (Hinr.): wie die 5. R stricken.
8. R (Rückr.): * 2 M rechts, 3 M links *.
9. R (Hinr.): M stricken, wie sie erscheinen.
10. R (Rückr.): wie die 8. R stricken.
11. R (Hinr.): M stricken, wie sie erscheinen.
12. R (Rückr.): * 2 M links, 3 M rechts *.
13. R (Hinr.): M stricken, wie sie erscheinen.
14. R (Rückr.): wie die 12. R stricken.
Die 1.–14. R fortlaufend wiederholen.
Für den mittleren 18 M breiten Grundmusterstreifen die Strickschrift beachten.
Der Rapport von 5 M wird hierfür 3 x gearbeitet, danach folgen noch 3 M. Diese 3 M werden fortlaufend wie die 3 ersten M des Rapports gestrickt. Zur besseren Übersicht zeigt die Strickschrift nur Hinreihen, d.h. die Vorderseite der Arbeit.

Zopfmuster I: Mit Nadeln Nr. 5 einen Zopf über 28 M = 14 cm arbeiten.
1.–3. und 5. R: rechte M.
2. und alle weiteren Rückr.: M stricken, wie sie erscheinen.
7. R: 8 M rechts, 8 M nach links verkreuzen (4 M auf eine Hilfsnadel vor die Arbeit legen, die folgenden 4 M rechts, Hilfsnadelm. rechts), 12 M rechts.
9. und 11. R: rechte M.
13. R: 8 M nach links verkreuzen, 8 M rechts, 8 M nach links verkreuzen, 4 M rechts.
Die 1.–13. R fortlaufend wiederholen.
Zopfmuster II: Mit Nadeln Nr. 5 wie das Zopfmuster I arbeiten, jedoch die 8 Zopfmaschen nach rechts verkreuzen, d.h. 4 M auf eine Hilfsnadel hinter die Arbeit legen, die folgenden 4 M rechts, Hilfsnadelm. rechts.
Bündchenmuster: Mit Nadeln Nr. 3½ abwechselnd 1 M rechts, 1 M links.
Maschenprobe: 16 M und 22 R im Grundmuster = 10 x 10 cm. 20 M im Bündchenmuster = 10 cm.

ARBEITSANLEITUNG

Rücken: 96 M anschlagen und 8 cm im Bündchenmuster stricken. In der folgenden R

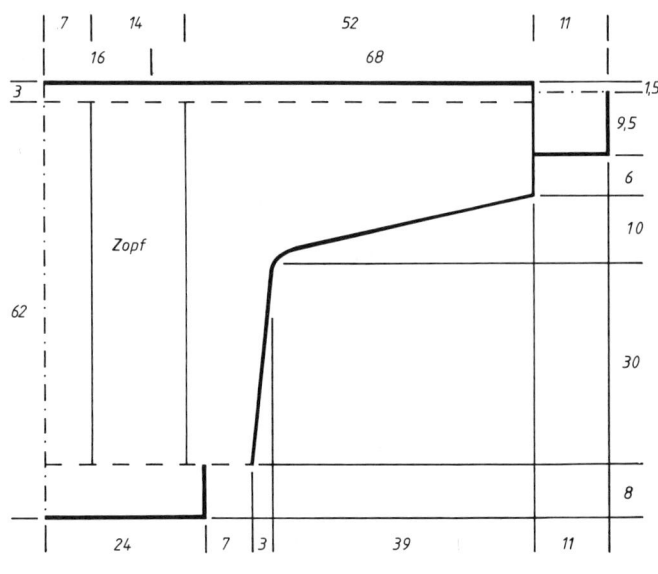

vordere bzw. rückwärtige Pulloverhälfte

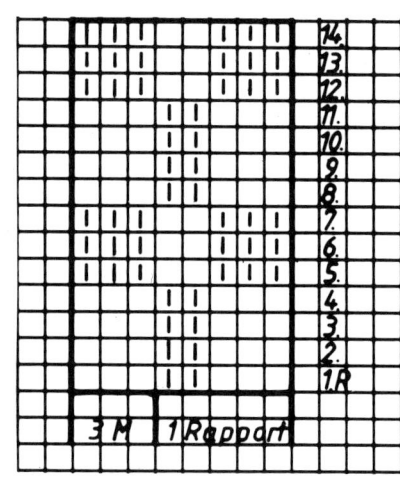

❙ = linke M
☐ = rechte M

gleichmäßig verteilt 16 M auffassen = 112 M. Nun wie folgt weiterarbeiten:

15 M im Grundmuster (jedoch das Muster mit den beiden linken M beginnen, anschließend wie gewohnt weiterarbeiten), 2 M fortlaufend glatt links (Hinr. links, Rückr. rechts), Zopfmuster I, 2 M fortlaufend glatt links, 18 M Grundmuster (Strickschrift beachten), 2 M fortlaufend glatt links, Zopfmuster II, 2 M fortlaufend glatt links, 15 M Grundmuster. In dieser Mustereinteilung fortlaufend weiterarbeiten. Dabei gleichzeitig ab Bund beidseitig in jeder 12. R 5 x 1 M zunehmen. In 38 cm Gesamthöhe für die Ärmel beidseitig in jeder 2. R 1 x 1, 1 x

2, 1 x 3, 2 x 4 und 7 x 7 M zunehmen. Das Grundmuster auf die zugenommenen M ausdehnen. In 62 cm Gesamthöhe noch 3 cm im Bündchenmuster stricken. Anschließend alle M abketten. Die Gesamthöhe beträgt 65 cm.

Vorderteil: Wie das Rückenteil anfertigen.

Fertigstellung: Die oberen Ärmelnähte schließen. Hierfür die oberen 3 cm des Rükkenteils auf die oberen 3 cm des Vorderteils legen und aufeinander festnähen. Für die Ärmelbündchen aus den unteren Ärmelkanten je ca. 40 M auffassen und 11 cm im Bündchenmuster stricken. M abketten. Nähte schließen.

BEQUEM UND VIELSEITIG

Größen 48/50 und 52
Bei unterschiedlichen Angaben: Größe 52 in Klammern.

Material: Hübner Wolle, Qualität pampas: 450 g in Berber Nr. 48; Qualität amaro: 350 g in Apricot Nr. 28. 1 Paar Stricknadeln Nr. 4½, 1 Rundstricknadel Nr. 3½.

Strickmuster: Mit Nadeln Nr. 4½ und doppeltem Faden (1 x in Berber und 1 x in Apricot) arbeiten.
1. und 3. R: Randm., * 1 M rechts, 1 M links. Ab * wiederholen, Randm.
2. R: M stricken, wie sie erscheinen.
4. R: rechte M.

Bündchenmuster: Mit Nadel Nr. 3½ und doppeltem Faden abwechselnd 1 M rechts, 1 M links.

Maschenprobe: 18 M und 24 R = 10 x 10 cm.

ARBEITSANLEITUNG

Rücken: 70 M anschlagen und 7 cm im Bündchenmuster stricken. Die letzte Rückr. nur in rechten M stricken und dabei 24 (28) M verteilt zunehmen = 94 (98) M. Im Strickmuster fortfahren. Gerade hoch stricken und in 62 cm Gesamthöhe mit dem Halsausschnitt beginnen. Die mittleren 14 M abketten. Beidseitig davon in jeder 2. R 1 x 4, 1 x 3, 1 x 2 und 2 x 1 M abketten. Die restlichen 29 (31) M je Schulter abketten.

Vorderteil: Wie das Rückenteil anfertigen, jedoch in 44 cm Gesamthöhe für den Halsausschnitt die Arbeit in der Mitte teilen und jede Seite getrennt weiterarbeiten. Für die Ausschnittschräge 8 x in jeder 4. R und 10 x in jeder 2. R je 1 M abnehmen. Die restlichen 29 (31) M je Schulter abketten.

Ärmel: 36 M anschlagen und 7 cm im Bündchenmuster stricken. Die letzte R in rechten M stricken und dabei verteilt 22 M zunehmen = 58 M. Im Strickmuster fortfahren und für die Ärmelweite 6 x in jeder 8. R und 10 x in jeder 6. R je 1 M zunehmen = 90 M. In 53 cm Gesamthöhe die M locker abketten.

Fertigstellung: Schulter-, Seiten- und Ärmelnähte schließen. Ärmel einsetzen. Für die Halsausschnittblende mit der Rundstricknadel insgesamt 121 M aus dem Ausschnittrand aufnehmen. Die M in der V-Spitze markieren und diese M rechts stricken. 3 cm im Bündchenmuster in Rd stricken und dabei beidseitig der markierten M in jeder 2. Rd 2 M mustergerecht zusammenstricken. Anschließend die M im Maschenrhythmus abketten.

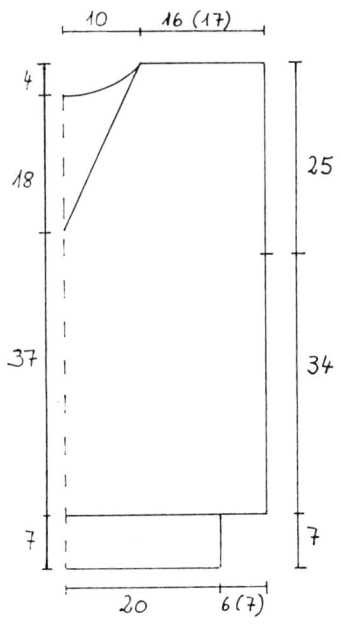

½ Rücken bzw. Vorderteil

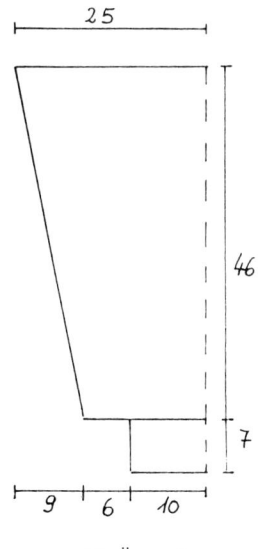

½ Ärmel

Größen 46/48, 50/52 und 54/56
Bei unterschiedlichen Angaben: Größen 50/52 und 54/56 in Klammern.
Obere Weite des Modells 92—96 (100–104/108–112) cm.

Material: Phildar Wolle, Qualität 229 Pronostic, 500 (550/600) g in Perle Nr. 80, 50 (50/50) g in Atoll Nr. 03. Je 1 Paar Stricknadeln Nr. 3 und 3½, 1 Rundstricknadel Nr. 3, 40 cm lang, 1 Zopfnadel.

Strickmuster I: Mit Nadeln Nr. 3½ und ungerader Maschenzahl arbeiten.
1. R (Rückr.): rechts.
2. R (Hinr.): Randm., 1 M rechts, * die folgende M ebenfalls rechts stricken, jedoch 1 R tiefer in die M einstechen. Die M darüber löst sich auf, 1 M rechts. Ab * wiederholen.
Die 1. und 2. R stets wiederholen.

Strickmuster II: Mit Nadeln Nr. 3½ glatt rechts = Hinreihe rechts, Rückreihe links.

Strickmuster III: Mit Nadeln Nr. 3½ kraus rechts = Hinreihe rechts, Rückreihe rechts.

Strickmuster IV: Mit Nadeln Nr. 3½ im Perlmuster arbeiten = 1 M rechts, 1 M links im Wechsel, dabei das Muster in jeder R versetzt stricken.

Strickmuster V: Mit Nadeln Nr. 3½ im Zopfmuster arbeiten. Maschenzahl teilbar durch 7 plus 3 M.
1. R: 3 M links, * 4 M rechts, 3 M links. Ab * wiederholen.
2. – 4. R: Die M stricken, wie sie erscheinen.
5. R: 3 M links, * 2 M auf eine Zopfnadel vor die Arbeit nehmen, 2 M rechts, dann die M der Zopfnadel rechts stricken. 3 M links. Ab * wiederholen.
6. R: Die M stricken, wie sie erscheinen.
Die 1. – 6. R stets wiederholen.

Bündchenmuster: Mit Nadeln Nr. 3 abwechselnd 1 M rechts, 1 M links.

Maschenprobe: 20 M und 50 R im Strickmuster I, 24 M und 33 R im Strickmuster II, 28 M und 36 R im Strickmuster V = jeweils 10 x 10 cm.

ARBEITSANLEITUNG

Vorderteil: 107 (115/123) M in Perle anschlagen und 6 cm im Bündchenmuster stricken. Im Strickmuster I in Perle fortfahren. In 27 (28/29) cm ab Bund 6 R im Strickmuster III stricken, dabei in der 1. R verteilt 21 (23/25) M zunehmen = 128 (138/148) M. Im Strickmuster II 3 cm in Perle arbeiten, 6 R im Strickmuster III in Atoll und weiter in Perle wie folgt stricken: Auf der rechten Seite über den ersten 62 (67/72) M 9 (9/10) M verteilt zunehmen und diese 71 (76/82) M im Strickmuster V stricken (dabei die Hinr. mit 1 (6/5) M links beginnen), 4 M Strickmuster II, 35 (40/39) M Strickmuster IV und über den letzten 27 (27/33) M 4 (4/5) M zunehmen und diese 31 (31/38) M im Strickmuster V stricken.
In 40 (41/42) cm Höhe ab Bund über dem rechten Zopfmuster im Perlmuster weiterstricken, dabei in der 1. R verteilt 9 (9/10) M abnehmen und in 48 (50/52) cm Höhe ab Bund über diesen Perlmusterm. kraus rechts stricken. Alle übrigen M weiterhin wie bisher arbeiten.
In 50 (52/54) cm Höhe ab Bund für den Halsausschnitt die mittleren 4 glatt rechten M und beidseitig davon noch je 6 M abzählen und diese 16 M abketten. Jede Seite getrennt beenden, dabei an der Ausschnittkante in jeder 2. R 1 x 4 M, 4 x 2 M und 4 x 1 M abketten.

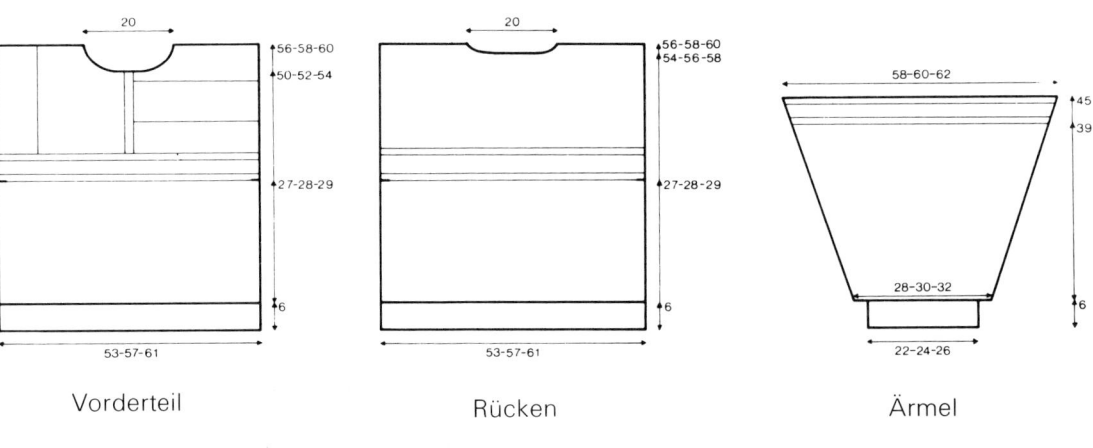

Vorderteil   Rücken   Ärmel

In 56 (58/60) cm Höhe ab Bund die verbleibenden Schulterm. abketten.

Rücken: Bis einschließlich des kraus rechts gestrickten Streifens in Atoll wie das Vorderteil anfertigen. Anschließend im Strickmuster II in Perle über alle M weiterarbeiten.

In 54 (56/58) cm Höhe ab Bund für den Halsausschnitt die mittleren 36 M abketten und jede Seite getrennt beenden, dabei an der Ausschnittkante in jeder 2. R 1 x 4 und 1 x 2 M abketten. In 56 (58/60) cm Höhe ab Bund die Schulterm. abketten.

Ärmel: 50 (54/58) M in Perle anschlagen und 6 cm im Bündchenmuster stricken, dabei in der letzten R verteilt 7 M zunehmen = 57 (61/65) M. In Perle im Strickmuster I fortfahren und für die Ärmelschräge beidseitig in jeder 8. R

16 x 1 M und in jeder 6. R 10 x 1 M zunehmen = 109 (113/117) M.

In 39 cm Höhe ab Bund 6 R im Strickmuster III arbeiten, dabei in der 1. R verteilt 21 (22/23) M zunehmen = 130 (135/140) M. 3 cm im Strickmuster II in Perle arbeiten und 8 R im Strickmuster III in Atoll, dabei beidseitig in jeder 3. R 5 x 1 M zunehmen = 140 (145/150) M. Anschließend alle M abketten. Den zweiten Ärmel ebenso stricken.

Fertigstellung: Teile nach Schnitt spannen und mit feuchten Tüchern bedeckt trocknen lassen. Schulter-, Seiten- und Ärmelnähte schließen, Ärmel einsetzen. Anschließend aus dem Halsausschnitt mit der Rundstricknadel ca. 110 M in Perle aufnehmen und 2 cm im Bündchenmuster anstricken.

Größen 48/50 und 52/54

Bei unterschiedlichen Angaben: Größe 52/54 in Klammern.
Obere Weite des Modells 114 (120) cm, gesamte Länge 65 (69) cm, Ärmellänge 51 (53) cm.

Material: Sjöberg Wolle, Qualität Pigalle, 600 (600) g in Hellgrau Nr. 802 und 200 (250) g in Natur Nr. 801.
Je 1 Paar Stricknadeln Nr. 4 und 4½ – 5.
Strickmuster I: Mit Nadeln Nr. 4½ – 5 diagonal nach rechts arbeiten. Maschenzahl teilbar durch 2.
1. R: Randm., * 2 M rechts zusammenstricken, die M nicht von der Nadel nehmen, aus der 2. noch nicht von der linken Nadel genommenen M 1 M herausstricken, dann die M von der Nadel heben. Ab * wiederholen, Randm.
2. R: links.
3. R: Randm., 1 M rechts, * 2 M rechts zusammenstricken, die M nicht von der Nadel gleiten lassen, aus der 2. noch nicht von der linken Nadel genommenen M 1 M herausstricken, dann die M von der Nadel heben. Ab * wiederholen, 1 M rechts, Randm.
4. R: links.
Diese 4 R wiederholen.
Strickmuster II: Mit Nadeln Nr. 4½ – 5 diagonal nach links arbeiten.
1. R: Randm., * die übernächste M rechts verschränkt stricken, nicht von der Nadel nehmen, dann die vorherige M rechts stricken und die M von der Nadel gleiten lassen. Ab * wiederholen, Randm.
2. R: links.
3. R: Randm., 1 M rechts, * die nächsten 2 M wie in der 1. R beschrieben arbeiten. Ab * wiederholen, 1 M rechts, Randm.
4. R: links.
Diese 4 R wiederholen.
Bündchenmuster: Mit Nadeln Nr. 4 abwechselnd 1 M rechts, 1 M links.
Maschenprobe: 22 M im Strickmuster I und II = 10 cm.

ARBEITSANLEITUNG

Rücken: 102 (110) M in Natur anschlagen und 7 cm im Bündchenmuster stricken. In der letzten R verteilt 24 M zunehmen. Im Strickmuster I in Hellgrau weiterarbeiten bis zu einer Gesamthöhe von 44 (48) cm. Dann 10 cm im Strickmuster II in Natur stricken, anschließend in Hellgrau 7 cm im Strickmuster I. In Natur im Strickmuster II noch 4 cm stricken. Anschließend die M abketten.
Vorderteil: Wie das Rückenteil anfertigen.
Ärmel: 40 (42) M in Natur anschlagen und 7 cm im Bündchenmuster stricken, dabei in der letzten R 18 M zunehmen. Im Strickmuster I in Hellgrau fortfahren. Im Abstand von 1 cm insgesamt 31 (32) x beidseitig 1 M zunehmen. Gerade weiterarbeiten und in 47 (49) cm Gesamthöhe in Natur noch 4 cm im Strickmuster II arbeiten. M abketten.
Fertigstellung: Teile nach Schnitt spannen und mit feuchten Tüchern bedeckt trocknen lassen. Nähte schließen. Für den Halsausschnitt 24 (26) cm offenlassen.

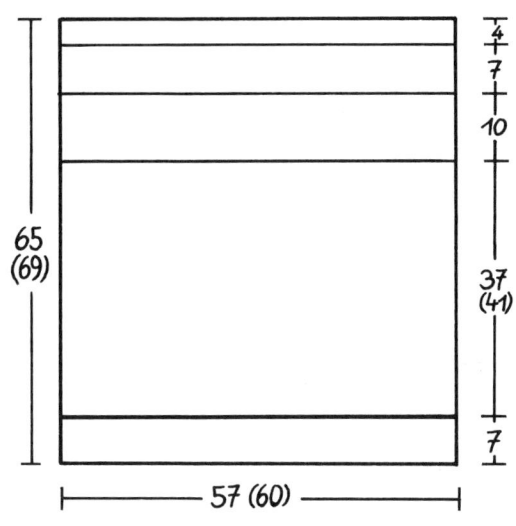

Rücken bzw. Vorderteil

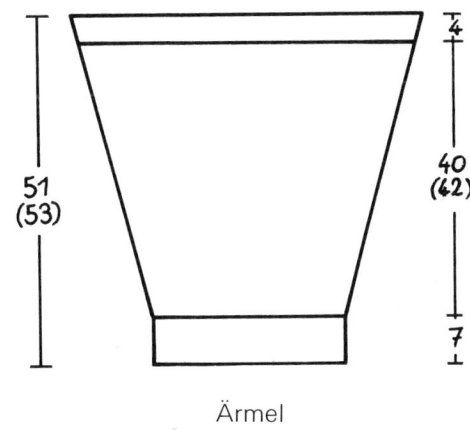

Ärmel

Größen 50/52 und 54/56

Bei unterschiedlichen Angaben: Größe 54/56 in Klammern.

Obere Weite des Modells 100–104 (108–112) cm plus 12 cm Schnittzugabe.

Material: Schachenmayr Wolle, Qualität Rondino. 450 (500) g in Hellgrau Nr. 1633 = I. Farbe, 100 g in Rot Nr. 1615 = II. Farbe, 100 g in Gelb Nr. 1603 = III. Farbe, 50 (100) g in Smaragd Nr. 1646 = IV. Farbe. Je 1 Paar Stricknadeln Nr. 2½ und 2½–3, 60 cm Nahtband, 5 Nieten, Hilfsnadeln.

Strickmuster: Mit Nadeln Nr. 2½–3 glatt rechts = Hinreihe rechts, Rückreihe links in Intarsientechnik stricken (siehe Schnittzeichnung). Für jedes Farbfeld den entsprechenden Knäuel verwenden und beim Farbwechsel die Fäden auf der Rückseite der Arbeit stets verkreuzen.

Bündchenmuster: Mit Nadeln Nr. 2½ abwechselnd 2 M rechts, 2 M links.

Maschenprobe: 26 M und 34 R = 10 x 10 cm.

ARBEITSANLEITUNG

Rücken: 142 (152) M in Hellgrau anschlagen und 5,5 cm = 22 R im Bündchenmuster stricken, dabei in der letzten Rückr. verteilt 11 M zunehmen = 153 (163) M. Im Strickmuster entsprechend Schnittzeichnung fortfahren. Mit der Mittelm. beginnend die Farbstreifen beidseitig in jeder 4. R um 1 M verbreitern. Nach jeweils 40 R mit der neuen Farbe beginnen. In 59,5 (62,5) cm Gesamthöhe = 204 (214) R für die Schulterschräge beidseitig 4 x 12 (2 x 12, 2 x 13) M in jeder 2. R auf Hilfsnadeln nehmen. Die restlichen 57 (63) mittleren M ebenfalls auf eine Hilfsnadel nehmen.

Vorderteil: Wie das Rückenteil anfertigen.

Ärmel: 66 M in Hellgrau anschlagen und 6 cm = 24 R im Bündchenmuster arbeiten. Im Strickmuster entsprechend Schnittzeichnung in Hellgrau fortfahren, dabei in der 1. R verteilt 13 M zunehmen = 79 M. In 17,5 cm Gesamthöhe die II. Farbe (Rot) einstricken, und zwar mit der Mittelm. beginnen und in jeder 2. R um 1 M versetzen. In 28 cm Gesamthöhe über alle M 4 cm hoch die III. Farbe (Gelb) stricken. Anschließend 4 cm hoch den smaragdfarbenen Streifen (IV. Farbe) arbeiten. Dann wieder in Hellgrau stricken.

Gleichzeitig für die Ärmelschräge beidseitig 12 (8) x in jeder 8. R, 5 (7) x in jeder 6. R und 5 (10) x in jeder 4. R je 1 M zunehmen = insge-

samt 123 (129) M. In 50 cm Gesamthöhe 2 x 16 (17) M in jeder 2. R abketten. Die restlichen 59 (61) M ebenfalls abketten. Den zweiten Ärmel genauso arbeiten.

Fertigstellung: Teile nach Schnitt spannen und mit feuchten Tüchern bedeckt trocknen lassen. Mit den 57 (63) Hilfsnadeln. vom vorderen und rückwärtigen Halsrand in Rot noch 2 cm im Strickmuster stricken, dann abketten. Diesen 2 cm breiten Rand nach innen legen und annähen.

Mit den je 48 (50) Hilfsnadelm. von den Schultern in Hellgrau beim Vorderteil je 4 cm und beim Rückenteil je 2 cm im Strickmuster stricken, M abketten. Die vorderen Schulterblenden 2 cm breit nach innen legen und diese doppelten Blenden auf die 2 cm breiten Blenden vom Rückenteil nähen. Ärmel entsprechend den Markierungen im Schnitt annähen. Seiten- und Ärmelnähte schließen. Halsränder von links mit Nahtband besetzen und am Vorderteil in gleichen Abständen 5 Nieten eindrücken.

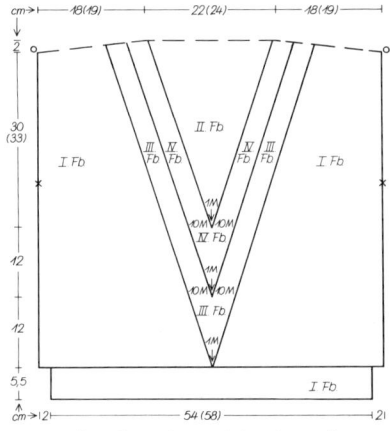

Rücken bzw. Vorderteil

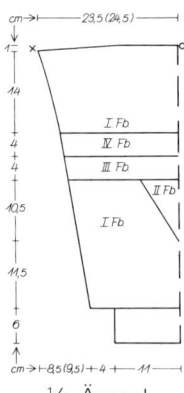

½ Ärmel

Größen 48/50 und 52/54

Bei unterschiedlichen Angaben: Größe 52/54 in Klammern.
Obere Weite des Modells 96–100 (104–108) cm plus 8 cm Schnittzugabe.

Material: Schachenmayr Wolle, Qualität Micaela, 700 (750) g in Linde Nr. 3556. Je 1 Paar Stricknadeln Nr. 3 und 3½–4, 1 Häkelnadel.

Strickmuster: Mit Nadeln Nr. 3½–4 glatt rechts = Hinreihe rechts, Rückreihe links strikken. Dabei, jeweils in einer Hinreihe, Links-M-Rippen einarbeiten (siehe Querstriche in der Schnittzeichnung).
Bei den Ärmeln die Mitte markieren und von der Markierung aus abzählen.

Bündchenmuster: Mit Nadeln Nr. 3 abwechselnd 2 M rechts, 2 M links.

Maschenprobe: 20 M und 32 R = 10 x 10 cm.

ARBEITSANLEITUNG

Rücken: 100 (108) M anschlagen und 4 cm = 15 R im Bündchenmuster stricken. Im Strickmuster fortfahren, dabei in der 1. R verteilt 8 M zunehmen = 108 (116) M und entsprechend Schnitt bei den eingezeichneten Querstrichen Links-M-Rippen einarbeiten. In 40 cm Gesamthöhe = 131 R für die Armschräge beidseitig 2 x 3 M abketten = 96 (104) M. Weiter gerade hoch arbeiten. In 55 cm Gesamthöhe mit Nadeln Nr. 3½–4 im Bündchenmuster weiterarbeiten. Für den rückwärtigen Halsausschnitt die mittleren 24 M abketten und jede Seite getrennt beenden, dabei an der Halsausschnittkante beidseitig noch 1 x 5 und 1 x 3 M abketten. In 65 cm Gesamthöhe = 210 R die restlichen 28 (32) M beidseitig abketten.

Vorderteil: Wie das Rückenteil anfertigen, jedoch in 59 cm Gesamthöhe = 191 R für den vorderen Halsausschnitt die mittleren 14 M abketten und jede Seite getrennt beenden, dabei an der Halsausschnittkante in jeder 2. R beidseitig noch 1 x 3, 3 x 2, 4 x 1 M abketten.

Ärmel: 44 M anschlagen und 5 cm = 17 R im Bündchenmuster stricken. Im Strickmuster fortfahren, dabei in der 1. R verteilt 16 M zunehmen = 60 M. Für das Muster die Ärmelmitte markieren und entsprechend Schnitt bei den eingezeichneten Querstrichen Links-M-Rippen einarbeiten. In jeder folgenden 6. R beidseitig 20 x je 1 M zunehmen. In 44 cm Gesamthöhe = 143 R in jeder 4. R beidseitig 2 x 1 M abnehmen. In 47 cm Gesamthöhe = 153 R die restlichen 96 M abketten. Den zweiten Ärmel genauso arbeiten.

Fertigstellung: Teile nach Schnitt spannen und mit feuchten Tüchern bedeckt trocknen lassen. Schulternähte schließen. Ärmel entsprechend den markierten Stellen in der Schnittzeichnung einnähen. Seiten- und Ärmelnähte schließen. Den Halsausschnittrand mit 1 R Krebsmaschen = feste M von links nach rechts gehend, umhäkeln.

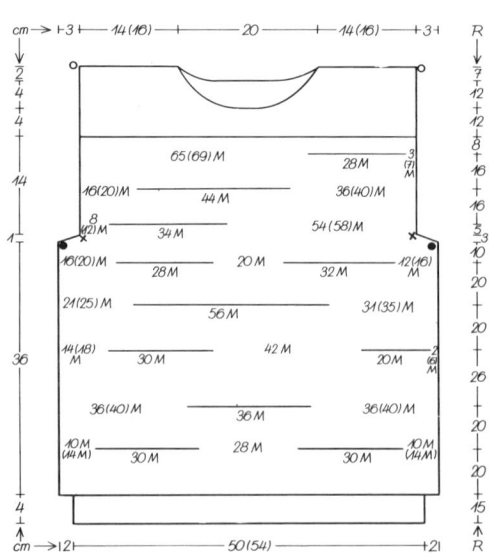

Rücken bzw. Vorderteil

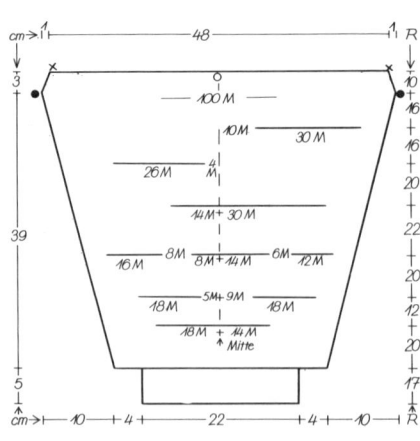

Ärmel

Größen 48 und 50/52

Bei unterschiedlichen Angaben: Größe 50/52 in Klammern.

Obere Weite des Modells 108 (114) cm, gesamte Länge 68 (70) cm.

Material: Schaffhauser Wolle, Qualität Sunday, 680 (ca. 730) g in Marmor Nr. 35. Je 1 Paar Stricknadeln Nr. 3 und 3½, 1 Rundstricknadel Nr. 3, 1 Hilfsnadel, 5 Knöpfe.

Dieses Modell kann ebenso in der Qualität Nancy nachgearbeitet werden.

Strickmuster I: Mit Nadeln Nr. 3½ arbeiten. Hinreihe: Randm., 5 (6) M links, * 14 M rechts, 6 (7) M links. Ab * stets wiederholen.

Rückreihe: Die M stricken, wie sie erscheinen.

Strickmuster II: Mit Nadeln Nr. 3½ im Zopfmuster arbeiten.

Hinreihe: Randm., 5 (6) M links, * 16 M rechts, 6 (7) M links. Ab * stets wiederholen.

Rückreihe: Die M stricken, wie sie erscheinen. Erstmals in der 11. R, dann stets in jeder 22. R die glatt rechten M zopfen = * 8 M auf 1 Hilfsnadel nach hinten legen, 8 M rechts stricken, dann die 8 M von der Hilfsnadel rechts stricken, 6 (7) M links. Ab * stets wiederholen.

Strickmuster III: Mit Nadeln Nr. 3½ arbeiten.

1.–4. R: Glatt rechts = Hinreihe rechts, Rückreihe links.

5.–22. R: Glatt links = Hinreihe links, Rückreihe rechts.

Die 1.–22. R stets wiederholen.

Bündchenmuster: Mit Nadeln Nr. 3 abwechselnd 2 M rechts, 2 M links.

Maschenprobe: 24 M im Strickmuster III = 10 cm Breite.

ARBEITSANLEITUNG

Rücken: 124 (132) M anschlagen und 8 cm im Bündchenmuster stricken. Die 1. R (Rückr.) mit Randm., 2 M links beginnen. Im Strickmuster I fortfahren, dabei in der 1. R verteilt 22 M aufnehmen = 146 (154) M. Das Muster genau nach der Beschreibung beginnen. In 65 (67) cm Gesamthöhe für die Schulterschräge beidseitig stets am Anfang der R 2 x 10, 3 x 9 (4 x 10, 1 x 11) M abketten und gleichzeitig mit der dritten Abschrägung für den Halsausschnitt die mittleren 42 M, dann beidseitig davon noch 1 x 3 und 1 x 2 M abketten.

Linkes Vorderteil: 58 (62) M anschlagen und 8 cm im Bündchenmuster stricken. Die 1. R (Rückr.) mit Randm., 2 M links beginnen. Im Strickmuster II fortfahren, dabei in der 1. R verteilt 15 M aufnehmen = 73 (77) M. Das Muster genau nach Beschreibung beginnen. In 38 (40) cm Gesamthöhe an der linken Kante für die Ausschnittschräge auf der Vorderseite der Arbeit innerhalb der Randm. 2 M zusammenstricken, bei den linken M 2 M links zusammenstricken, bei den rechten M 2 M

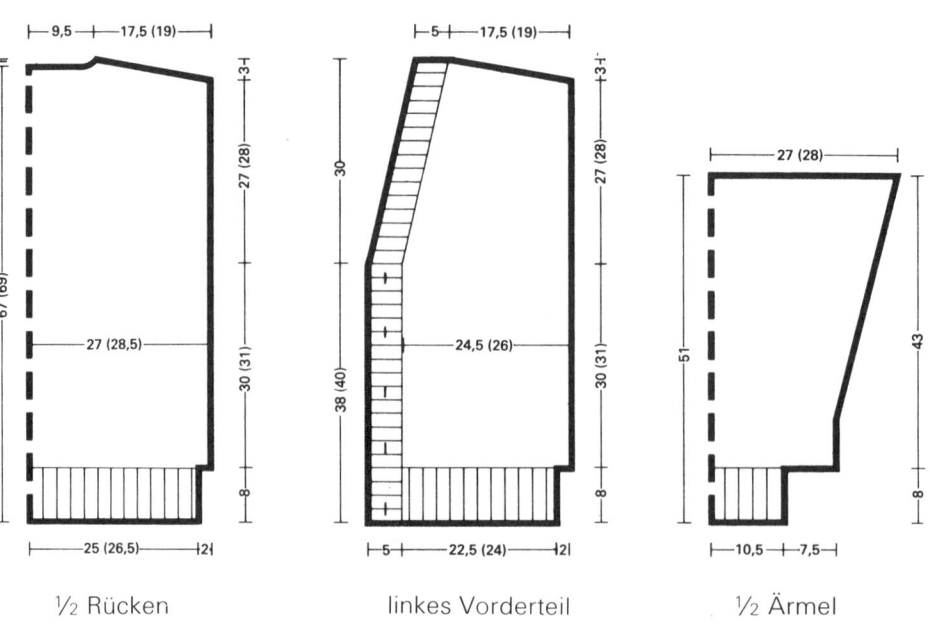

½ Rücken   linkes Vorderteil   ½ Ärmel

rechts zusammenstricken. Dies 19 x im Wechsel, und zwar 4 x in jeder 4.R und 1 x in jeder 6.R, wiederholen.

In ca. 39 cm Gesamthöhe, beim 5. x Zopfen, den Zopf bei der Ausschnittschräge beenden, d.h. beim Zopfen 1 x von den vorderen M und 1 x von den hinteren M je 2 M rechts zusammenstricken. Diese 14 M nun glatt rechts weiterstricken. Den mittleren Zopf noch 1 x und den seitlichen Zopf noch 2 x zopfen, dabei wie beim ersten Zopf je 2 M abnehmen und dann die M glatt rechts weiterstricken. In 65 (67) cm Gesamthöhe die Schulterschräge wie beim Rückenteil ausführen.

Rechtes Vorderteil: Gegengleich arbeiten, dabei die 1.R (Rückr.) mit Randm., 2 M rechts beginnen und beim Zopfmuster mit Randm., 6 (7) M links beginnen.

An der Ausschnittschräge innerhalb der Randm. bei den rechten M 1 überzogene Abnahme (= 1M abheben, die folgende M rechts stricken und die abgehobene M darüberziehen) arbeiten.

Ärmel: 62 M anschlagen und 8 cm im Bündchenmuster arbeiten. Im Strickmuster III fortfahren, dabei in der 1.R verteilt 28 M aufneh-

men = 90 M. In 6 (7) cm ab Bündchen beidseitig 1 M aufnehmen und dies beidseitig 20 x im Wechsel 1 x nach 2 cm und 1 x nach 1,5 cm (23 x im Abstand von 1,5 cm) wiederholen = 132 (138) M. In 51 cm Gesamthöhe, nach 4 R glatt rechts, alle M abketten.

Fertigstellung: Schulter-, Seiten- und Ärmelnähte schließen. Bei den Seitennähten die oberen 27 (28) cm für den Armausschnitt offenlassen. Für die Verschlußblende mit der Rundstricknadel 408 (420) M auffassen: aus den geraden Vorderteilkanten je 105 (111) M, aus der Ausschnittschräge je 72 M und aus dem hinteren Halsausschnitt 54 M. Im Bündchenmuster stricken, dabei die 1.R (Rückr.) mit Randm., 2 M links beginnen. Nach 2,5 cm am linken Vorderteil die Knopflöcher einarbeiten, und zwar auf der Rückseite der Arbeit von der rechten Kante aus 5 M stricken, * 4 M abketten, ohne die M zu stricken, und diese mit dem Arbeitsfaden sofort wieder anschlagen, 19 (21) M stricken. Ab * wiederholen, bis 5 Knopflöcher gearbeitet sind. In 5 cm Blendenhöhe die M locker im Bündchenmuster abketten. Ärmel einsetzen. Die Knöpfe am rechten Vorderteil annähen.

Größen 44/46, 48/50 und 52/54

Bei unterschiedlichen Angaben: Größen 48/50 und 52/54 in Klammern.

Obere Weite des Modells 88–92 (96–100/104–108) cm.

Material: Scheepjeswol, Qualität Burlesque, 200 (250/300) g in Hellblau. Je 1 Paar Stricknadeln Nr.3 und 3½, 1 Rundstricknadel Nr.3, 40 cm lang.

Strickmuster: Mit Nadeln Nr.3½ arbeiten.
1.R: Randm., 2 M rechts, * 1 M links abheben, 3 M rechts. Ab * stets wiederholen, mit 1 M links abheben, 2 M rechts und Randm. enden.
2.R: linke M.
Die 1. und 2.R stets wiederholen.

Bündchenmuster: Mit Nadeln Nr.3 abwechselnd 1 M rechts, 1 M links.

Maschenprobe: 24 M und 32 R im Strickmuster = 10 x 10 cm.

ARBEITSANLEITUNG

Rücken: 111 (119/131) M anschlagen und 5 cm im Bündchenmuster stricken. Anschließend im Strickmuster fortfahren. Nach 112 (120/126) R ab Bund für die Armausschnitte beidseitig 6 M abketten. Nach weiteren 74 (76/80) R die übriggebliebenen 99 (107/119) M auf einmal locker abketten. Die Gesamthöhe beträgt 63 (66/69) cm.

Vorderteil: Nach den gleichen Angaben wie beim Rückenteil beschrieben beginnen, jedoch für den Halsausschnitt nach 118 (126/132) R ab Bund die mittlere M abketten und getrennt weiterarbeiten. Dabei am Halsrand noch jeweils 18 (21/24) x je 1 M in jeder 3.R abketten. Nach 68 (70/74) R ab Beginn des Halsausschnittes die für die Schulter übriggebliebenen jeweils 31 (32/35) M auf einmal abketten.

Fertigstellung: Teile nach Schnitt spannen und mit feuchten Tüchern bedeckt trocknen lassen. Schulternähte schließen. Aus den beiden Armausschnitten jeweils ca. 112 M auffassen und 3 cm im Bündchenmuster stricken. Seitennähte schließen.

Anschließend für die V-Ausschnittblende ca. 144 M auf die Rundstricknadel auffassen und 3 cm im Bündchenmuster arbeiten, dabei für die Eckbildung in jeder R jeweils 3 M zusammenstricken.

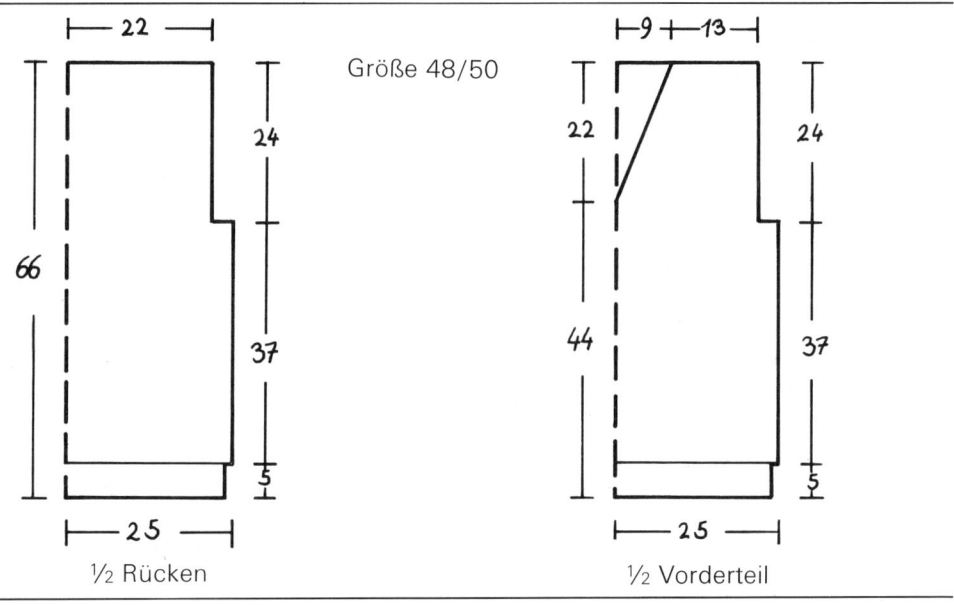

Größe 48/50

½ Rücken   ½ Vorderteil

Größen 48 und 52
Bei unterschiedlichen Angaben: Größe 52 in Klammern.

Material: KKK Wolle, Qualität Corso: 650 g in Beige Nr. 1; Qualität Cotolino: 250 g in Weiß Nr. 23. 1 Rundstricknadel Nr. 4½, 80 cm lang, 2 Zopfnadeln.
Strickmuster: Mit der Rundstricknadel glatt rechts arbeiten = Hinreihe rechts, Rückreihe links. Dabei 3 M in Beige (doppelfädig) und 1 M in Weiß (einfädig) im Wechsel stricken. Die Fäden werden auf der Rückseite der Arbeit verkreuzt.
Bündchenmuster: Mit der Rundstricknadel 3 M rechts in Beige (einfädig) und 1 M links in Weiß im Wechsel arbeiten.
Maschenprobe: 21 M und 22 R = 10 x 10 cm.

ARBEITSANLEITUNG

Rücken: 111 (119) M anschlagen und 5 cm im Bündchenmuster stricken. Im Strickmuster fortfahren. Die Verkreuzungen werden je nach Wunsch wie folgt eingestrickt:
3 M in Beige auf eine Zopfnadel heben und vor die Arbeit legen. 1 M in Weiß auf eine Zopfnadel heben und hinter die Arbeit legen. 3 M in Beige stricken, die weiße M abstricken und dann die 3 M in Beige von der Zopfnadel rechts abstricken. In 63 (67) cm Gesamthöhe alle M abstricken.
Vorderteil: Wie das Rückenteil anfertigen, jedoch in 55 (59) cm Gesamthöhe für den Halsausschnitt die mittleren 19 M abketten und getrennt weiterstricken. Am inneren Arbeitsrand in jeder 2. R 1 x 5 M, 1 x 3 M, 1 x 2 M und 3 x 1 M abnehmen. Nach 8 cm die restlichen Schulterm. abketten. Die zweite Seite gegengleich arbeiten.
Ärmel: 56 M anschlagen und 5 cm im Bündchenmuster stricken. Im Strickmuster fortfahren. Für die Schräge beidseitig in jeder 4. R 25 x 1 M (für Größe 52 abwechselnd in jeder 3. und 4. R 29 x 1 M) zunehmen = 106 (114) M. In

50 (52) cm Gesamthöhe alle M abketten. Den zweiten Ärmel genauso arbeiten.
Fertigstellung: Seiten-, Schulter- und Ärmelnähte schließen. Ärmel einsetzen. Aus dem Halsausschnitt in Beige (doppelfädig) 90 M aufnehmen und 2 cm abwechselnd 1 M rechts, 1 M links stricken. Alle M abketten. Nun für die zweite Blende in Weiß erneut 90 M von links aufnehmen und 3 cm 1 M rechts und 1 M links im Wechsel stricken. Alle M abketten.

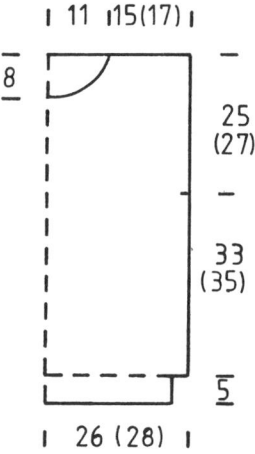

½ Rücken bzw. Vorderteil

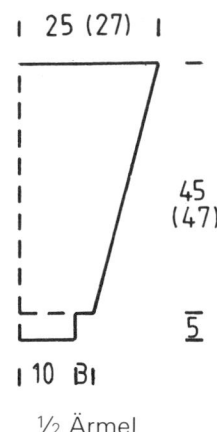

½ Ärmel

Größen 48, 50 und 52

Bei unterschiedlichen Angaben: Größen 50 und 52 in Klammern.
Obere Weite des Modells 112 (116/120) cm, gesamte Länge 66 (68/70) cm, Unterarmlänge 46 (47/49) cm.

Material: Sjöberg Wolle, Qualität Sahara, 200 (250/250) g in Schwarz Nr. 710, 300 (300/350) g in Natur Nr. 701, 200 (200/250) g in Mittelblau Nr. 714. Je 1 Rundstricknadel Nr. 3½ und 4–4½, 1 Hilfsnadel.

Strickmuster: Mit Nadel Nr. 4–4½ in Runden arbeiten.
1 Rd rechts in Natur,
1 Rd rechts in Mittelblau,
1 Rd links in Mittelblau,
1 Rd rechts in Natur,
1 Rd rechts in Schwarz.
Diese 5 Rd stets wiederholen.

Bündchenmuster: Mit Nadel Nr. 3½ abwechselnd 1 M rechts, 1 M links.

Maschenprobe: 18 M und 28 R = 10 x 10 cm.

ARBEITSANLEITUNG

Rücken- und Vorderteil: 160 (160/166) M in Schwarz anschlagen und zur Rd schließen, 8 cm im Bündchenmuster stricken. Im Strickmuster weiterarbeiten, dabei gleichzeitig in der 1.R verteilt 42 (50/50) M zunehmen. In 41 (42/43) cm Gesamthöhe für die Armausschnitte 5 M abketten, 91 (95/98) M stricken, 10 M abketten, 91 (95/98) M stricken und die letzten 5 M abketten. Die Arbeit ruhen lassen.

Ärmel: 36 M in Schwarz anschlagen und 8 cm im Bündchenmuster stricken. Im Strickmuster fortfahren, dabei in der 1.R verteilt 16 (18/20) M zunehmen. Anschließend im Abstand von 2 cm beidseitig 1 M zunehmen, bis 90 (94/98) M erreicht sind. Bis zu einer Gesamthöhe von 46 (47/49) cm arbeiten. Es muß sich das gleiche Muster ergeben wie am Vorder- bzw. Rückenteil. Nun für die Ärmelschräge beidseitig 5 M abnehmen. M stillegen.

Raglanschrägen: Die Teile auf einer Rundstricknadel zusammenfassen und jeden Stoß mit einem Faden markieren. Es sind 342 (358/372) M auf der Nadel. Mit dem Rücken beginnen und die Abnahmen wie folgt arbeiten:
* 1 M rechts, 2 M rechts zusammenstricken, bis zu den 3 M vor der nächsten Markierung stricken, 2 M rechts verschränkt zusammenstricken, 1 M rechts. Ab * insgesamt 3 x in der R wiederholen = 8 M pro Rd, 1 Rd ohne Abnehmen stricken. Die Abnahmen insgesamt 22 (24/26) x arbeiten. Nun die mittleren 19 (19/18) M des Vorderteils für den Halsausschnitt auf eine Hilfsnadel legen. In Hin- und Rückr. stricken und jeweils 1 weitere M stillegen, insgesamt 8 x. Gleichzeitig für die Raglanschräge, wie vorstehend beschrieben, abnehmen: in jeder 2.R 2 x und in jeder R 4 x. Jetzt wieder alle M auf die Rundstricknadel nehmen und in Schwarz weiterstricken, dabei in der 1. Rd über den Ärmeln 4 M abnehmen (= 8 M insgesamt). Dann 5 cm im Bündchenmuster arbeiten und beidseitig an der Schultermitte 4 x 1 M abnehmen. M abketten.

Fertigstellung: Teile nach Schnitt spannen und mit feuchten Tüchern bedeckt trocknen lassen. Nähte schließen.

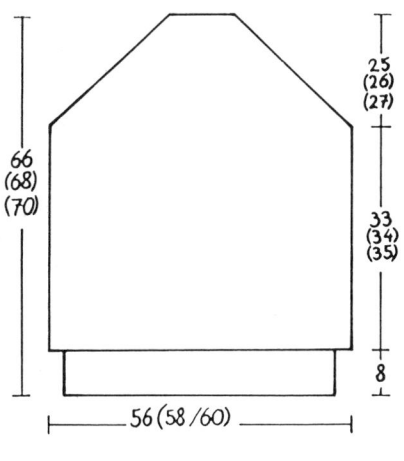

Rücken

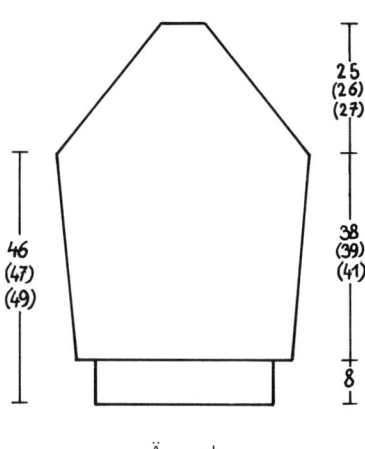

Ärmel

modisch

Größe 52 bis 56

Material: Italana Wolle, Qualität Nr. 5, ca. 900 g in Gelb Nr. 504. 1 Paar Stricknadeln Nr. 5, 1 Rundstricknadel Nr. 4, 60 cm lang.
Grundmuster: Mit Nadeln Nr. 5 arbeiten.
1. R: * 2 M rechts, 1 M links, 2 M rechts *.
Die 1. R stets wiederholen, dabei in jeder R von * bis * fortlaufend wiederholen.
Zopfmuster A: Mit Nadeln Nr. 5 nach der Strickschrift Seite 150 arbeiten. Gegeben ist ein Rapport in der Breite = 14 M bzw. 4 cm. Die 9.–17. R stets wiederholen, dabei in den Rückr. die M stricken, wie sie erscheinen.
Zopfmuster B: Mit Nadeln Nr. 5 nach der Strickschrift Seite 150 arbeiten. Gegeben ist ein Rapport in der Breite = 24 M bzw. 6 cm. Die 9. – 17. R stets wiederholen, dabei in den Rückr. die M stricken, wie sie erscheinen.
Bündchenmuster: Mit der Rundstricknadel Nr. 4 abwechselnd 1 M rechts, 1 M links.
Maschenprobe: 16 M und 32 R im Grundmuster = 10 x 10 cm.

ARBEITSANLEITUNG

Rücken: 80 M anschlagen und 9 cm im Bündchenmuster stricken. In der 1. R nach dem Bündchen alle M verdoppeln = 160 M und in der 2. R noch einmal gleichmäßig verteilt 10 M auffassen = 170 M. Anschließend die Mustereinteilung wie folgt vornehmen:
Randm., 5 M Grundmuster, Zopfmuster A, 5 M Grundmuster, Zopfmuster A, 5 M Grundmuster, Zopfmuster B, 5 M Grundmuster, Zopfmuster B, 5 M Grundmuster, Zopfmuster B, 5 M Grundmuster, Zopfmuster A, 5 M Grundmuster, Zopfmuster A, 5 M Grundmuster, Randm. In dieser Mustereinteilung fortlaufend weiterarbeiten.
In 41 cm Gesamthöhe für die Raglanschräge beidseitig 1 x 2 M abketten. Nun fortlaufend beidseitig 3 M glatt rechts (=Hinr. rechts, Rückr. links) stricken und dabei beidseitig in jeder 4. R noch 20 x 1 M abnehmen. Für die Abnahmen nach den 3 ersten M zu Beginn einer R einen einfachen Überzug arbeiten und vor den 3 letzten M am Ende einer R 2 M rechts zusammenstricken. Die restlichen M in 68 cm Gesamthöhe abketten.
Vorderteil: Wie das Rückenteil anfertigen, jedoch in 41 cm Gesamthöhe den V-Ausschnitt beginnen. Hierfür die Arbeit in der Mitte teilen und die Teile getrennt weiterarbeiten. Für die weitere V-Ausschnittschräge

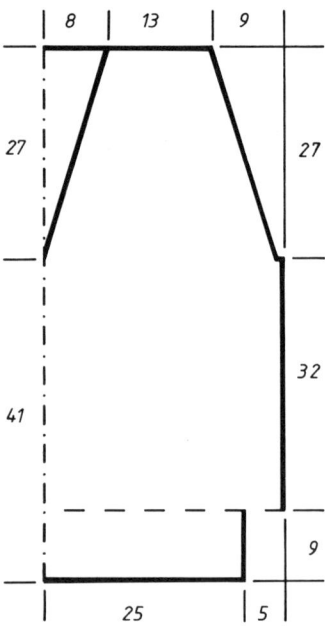

½ Rücken bzw. Vorderteil

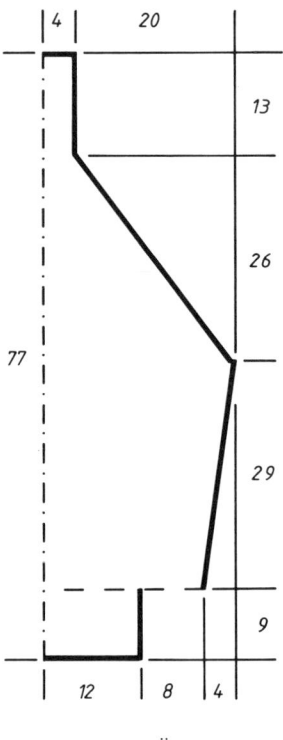

½ Ärmel

abwechselnd 13 x in jeder 4.R und 12 x in jeder 2.R 1 M abnehmen. Die restlichen Schulterm. in 68 cm Gesamthöhe abketten.
Die zweite Halsausschnitthälfte gegengleich stricken.
Ärmel: 40 M anschlagen und 9 cm im Bündchenmuster stricken. In der folgenden R gleichmäßig verteilt 38 M auffassen = 78 M und mit Nadel Nr.5 weiterarbeiten. Dabei die Mustereinteilung wie folgt vornehmen: 27 M Grundmuster, Zopfmuster B, 27 M Grundmuster. In dieser Mustereinteilung fortlaufend weiterarbeiten, dabei gleichzeitig ab Bund beidseitig in jeder 14.R 6 x 1 M zunehmen. In 38 cm Gesamthöhe mit der Raglanschräge beginnen. Hierfür beidseitig 1 x 2 M abketten. Weiter fortlaufend beidseitig 3 M glatt rechts stricken und gleichzeitig beidseitig * 1 x in der 4.R, 2 x in jeder 2.R 1 M abnehmen *. Von * bis * noch 9 x wiederholen. Die weiteren Abnahmen wie bei der Raglanschräge für das Rückenteil vornehmen. Die restlichen M in 77 cm Gesamthöhe abketten. Den zweiten Ärmel ebenso arbeiten.
Fertigstellung: Schulter-, Seiten- und Ärmelnähte schließen. Ärmel einsetzen. Anschließend mit der Rundstricknadel aus dem Halsausschnitt ca. 160 M auffassen und 1 M in der V-Ausschnittspitze markieren. Im Bündchenmuster in Rd stricken, dabei in jeder 2.Rd beidseitig der markierten Mittelm. 2 M rechts zusammenstricken. In 4 cm Gesamthöhe in jeder 2.R beidseitig der Mittelm. 1 M wieder zunehmen. In 8 cm Gesamthöhe die M abketten und das Bündchen zur Hälfte nach innen gegennähen.

Größen 48 und 50/52

Bei unterschiedlichen Angaben: Größe 50/52 in Klammern.
Obere Weite des Modells 104 (110) cm, gesamte Länge 68 (70) cm.

Material: Schaffhauser Wolle, Qualität Boutique: 600 (ca. 650) g in Grünbeige Nr. 106; Qualität Coton Ribonette: 130 (ca. 150) g in Grün Nr. 32. Je 1 Paar Stricknadeln Nr. 4 und 5, je 1 Nadelspiel Nr. 4 und 5.
Strickmuster I: Mit Nadeln Nr. 5 glatt rechts = Hinreihe rechts, Rückreihe links.
Strickmuster II: Mit Nadeln Nr. 5 glatt links = Hinreihe links, Rückreihe rechts wie folgt arbeiten: * 2 R in Grünbeige, 2 R in Grün. Ab * stets wiederholen.
Bündchenmuster: Mit Nadeln Nr. 4 abwechselnd 2 M rechts, 2 M links.
Maschenprobe: 16 M im Strickmuster I = 10 cm Breite.

ARBEITSANLEITUNG

Wenn Farbflächen gestrickt werden, jede Fläche mit einem separaten Knäuel arbeiten und beim Farbwechsel die beiden Fäden jeweils miteinander verkreuzen.
Rücken: 78 (82) M in Grünbeige anschlagen und 8 cm im Bündchenmuster stricken, dabei die 1. R (= Rückr.) mit Randm., 1 M links, 2 M rechts beginnen. Im Strickmuster fortfahren, dabei in der 1. R verteilt 10 M aufnehmen = 88 (92) M. In 65 (67) cm Gesamthöhe für die Schulterschräge beidseitig stets am Anfang der R 4 x 7 (2 x 7, 2 x 8) M abketten und gleichzeitig mit der 2. Abschrägung für den Halsausschnitt die mittleren 22 M, dann beidseitig davon noch 1 x 3 und 1 x 2 M abketten.
Vorderteil: Wie das Rückenteil anfertigen, jedoch nach dem Bündchen die Farben wie folgt wechseln (immer einschließlich Randm.): Auf der Vorderseite der Arbeit die ersten 16 (17) M in Grünbeige im Strickmuster I und die restlichen 72 (75) M im Strickmuster II abstricken. Auf der Rückseite der Arbeit die M stets in der Farbe abstricken, wie sie erscheinen. Anschließend die grünbeige Fläche stets auf der Vorderseite der Arbeit um 1 M verbreitern, entsprechend verkleinert sich die Fläche im Strickmuster II stets um 1 M. Wenn 42 M in Grünbeige erreicht sind, die Farben wie folgt wechseln: 2 M in Grün im Strickmuster I, 41 M in Grünbeige im Strickmuster I und 45 (49) M im Strickmuster II. Nun die 2 M in Grün stets auf der Vorderseite der Arbeit um 1 M verbreitern, dabei werden die 41 M in Grünbeige um 1 M nach links versetzt und die 45 (49) M verringern sich stets um eine M. In 59 (61) cm Gesamthöhe für den Halsausschnitt die mittle-

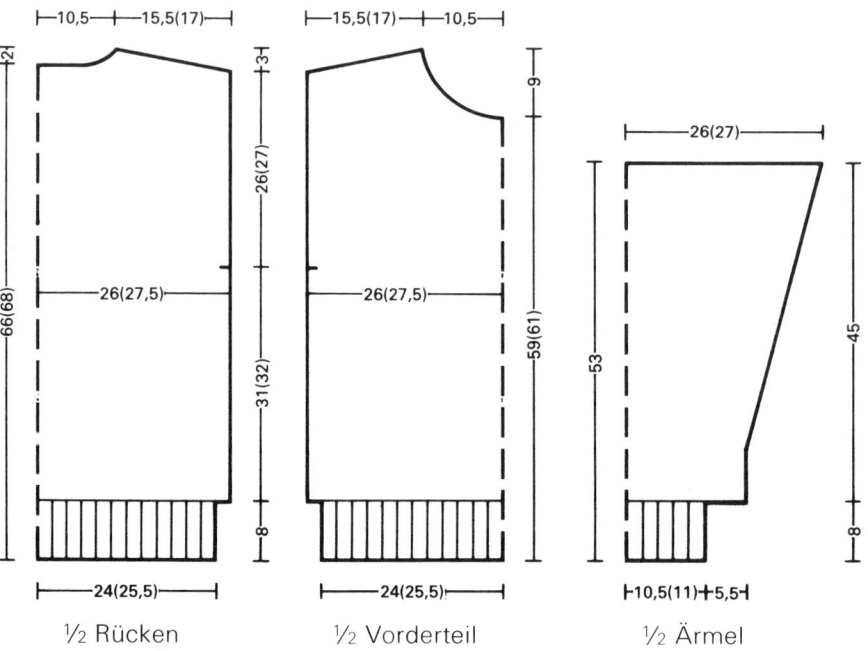

½ Rücken ½ Vorderteil ½ Ärmel

ren 12 M, dann beidseitig davon noch 1 x 3, 2 x 2, 3 x 1 M abketten.

Ärmel: 38 (42) M in Grünbeige anschlagen und 8 cm im Bündchenmuster stricken. In Grünbeige im Strickmuster I fortfahren, dabei in der 1. R verteilt 16 M aufnehmen = 54 (58) M. In 14 cm Gesamthöhe beidseitig je 1 M aufnehmen und diese Aufnahme noch 14 x nach jeweils 2,5 cm wiederholen = 84 (88) M. In 53 cm Gesamthöhe alle M abketten.

Innenkragen: In Rd arbeiten. 80 M in Grün mit dem Nadelspiel Nr. 5 anschlagen und 12 cm rechts stricken, dann abketten.

Fertigstellung: Schulter-, Seiten- und Ärmelnähte schließen, dabei die oberen 26 (27) cm der Seitennähte für den Armausschnitt offenlassen, Ärmel einsetzen.

Rund um den Halsausschnitt in Grünbeige 90 M mit dem Nadelspiel Nr. 4 auffassen und 4 cm hoch 4 M rechts, 2 M links arbeiten, dabei 4 M rechts in die vordere Mitte richten, dann 4 M rechts, 2 M links abketten.

Anschließend den grünen Innenkragen zur Hälfte umschlagen (die linke Seite erscheint außen) und an die Auffaßkante des Halsbündchens nähen.

Größe 48/50

Material: Austermann Wolle, Qualität Flamenco, 450 g in Aqua Nr. 106 und 100 g in Petrol Nr. 107. 1 Rundstricknadel Nr. 4½, 120 cm lang, 1 Rundstricknadel Nr. 3½, 60 cm lang, 2 Zopfnadeln.

Strickmuster I: Mit Nadel Nr. 4½ in Aqua arbeiten.
1. R (Hinr.): rechte M.
2. R (Rückr.): rechte M.
3. R: 1 M rechts, 1 M links im Wechsel.
4. R: M stricken, wie sie erscheinen.
Die 1. – 4. R stets wiederholen.

Strickmuster II: Mit Nadel Nr. 4½ in Petrol im Zopfmuster arbeiten.
1. R (Hinr.): 2 M links, 12 M rechts, 2 M links.
2. R (Rückr.) und alle geraden R: M stricken, wie sie erscheinen.
3., 5., 7. und 9. R: wie 1. R.
11. R: 2 M links, 4 M auf eine Hilfsnadel hinter die Arbeit legen, 4 M auf die 2. Hilfsnadel vor die Arbeit legen, 4 M rechts, dann die 4 M der 2. Hilfsnadel rechts abstricken und zuletzt die 4 M der 1. Hilfsnadel rechts stricken, 2 M links.
Die Verzopfung in jeder 14. R vornehmen.

Bündchenmuster: Mit Nadel Nr. 3½ abwechselnd 1 M rechts, 2 M links.

Maschenprobe: 17 M und 26 R im Strickmuster I = 10 x 10 cm.

ARBEITSANLEITUNG

Das Modell wird in einem Stück über die Schultern hinweg gearbeitet und beim Vorderteil begonnen.
90 M in Aqua anschlagen und 8 cm im Bündchenmuster stricken. Im Strickmuster I weiterarbeiten, dabei in der 1. R verteilt 20 M zunehmen = insgesamt 110 M. Die M wie folgt einteilen: 16 M in Aqua, 32 M in Petrol (Strickmuster II), 62 M in Aqua.
In der 2. R und in allen Rückr. die Farben stricken, wie sie erscheinen. Mit mehreren Knäueln arbeiten. Beim Farbwechsel die Fäden auf der Rückseite der Arbeit verkreuzen.
3. R: 16 M in Aqua, 16 M in Petrol, 2 M in Aqua, 16 M in Petrol, 61 M in Aqua = 111 M.
5. R: 16 M in Aqua, 16 M in Petrol, 3 M in Aqua, 16 M in Petrol, 60 M in Aqua.
In dieser Weise den 2. Zopf jeweils in der Hinr. um 1 M nach links versetzen. Dafür aus der letzten M vor dem Zopf 1 M herausstricken und nach dem Zopf 1 M rechts abheben, 1 M stricken, die abgehobene M überziehen.
In 35 cm Gesamthöhe für die Ärmel beidseitig in jeder 2. R 14 x je 5 M anschlagen = 251 M. In 56 cm Gesamthöhe für den Halsausschnitt die mittleren 18 M abketten und beide Seiten getrennt beenden. Dafür am inneren Ausschnittrand in jeder 2. R noch 1 x 4, 1 x 3, 1 x 2 und 1 x 1 M abketten. Nach insgesamt 60 cm (Schulterhöhe) M ruhen lassen. Die 2. Hälfte ebenso anfertigen, für den Halsausschnitt 38 M neu anschlagen und mit den stillgelegten M den Rücken nur noch in Aqua (ohne Zöpfe) im Strickmuster I arbeiten. Den Pullover gegengleich beenden. Aus den Zunahmen werden Abnahmen.

Fertigstellung: Für die Ärmelbündchen aus den unteren Ärmelkanten 40 M aufnehmen und in Aqua 8 cm im Bündchenmuster stricken. Für den Kragen aus dem Halsausschnitt mit Nadel Nr. 4½ in Petrol 90 M aufnehmen und 7 cm im Bündchenmuster in R stricken (an der linken Schulternaht beginnen). Anschließend Ärmel- und Seitennähte in einem Arbeitsgang schließen.

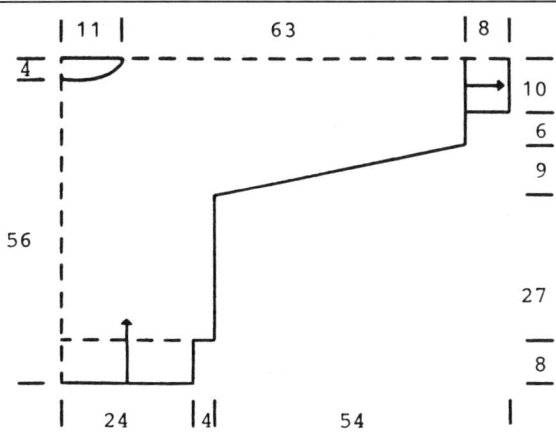

vordere bzw. rückwärtige
Pulloverhälfte

Größen 46, 48/50 und 52
Bei unterschiedlichen Angaben: Größen 48/50 und 52 in Klammern.
Obere Weite des Modells 102 (108/112) cm, gesamte Länge 66 (69/69) cm.

Material: H.E.C. Wolle, Qualität aarlan royal, 130 (160/190) g in Marine Nr. 4321, je 100 g in Hellgrau Nr. 4337 und Ecru Nr. 4324, 80 g in Petrol Nr. 4287, je 60 g in Bordeaux Nr. 4277 und Blaßblau Nr. 4245, je 50 g in Graublau Nr. 4246 und Aubergine Nr. 4299, 30 g in Vieuxrose Nr. 4298. Je 1 Paar Stricknadeln Nr. 3 und 4.
Strickmuster: Mit Nadeln Nr. 4 glatt rechts = Hinreihe rechts, Rückreihe links, dabei die Zacken nach den Angaben in der Arbeitsanleitung anfertigen. Beim Farbwechsel stets die beiden Fäden verkreuzen.
Bündchenmuster: Mit Nadeln Nr. 3 und Marine abwechselnd 1 M rechts, 1 M links.
Maschenprobe: 22 M und 29 R im Strickmuster = 10 x 10 cm.

ARBEITSANLEITUNG

Rücken: 98 (100/110) M anschlagen und 7 cm im Bündchenmuster arbeiten. Anschließend in einer R verteilt 17 (21/15) M aufnehmen und gleichzeitig auf der Vorderseite der Arbeit die Zacken im Strickmuster wie folgt einteilen: 18

(21/23) M in Hellgrau, 1 M in Ecru, 25 M in Bordeaux, 1 M in Blaßblau, 25 M in Graublau, 1 M in Hellgrau, 25 M in Ecru, 1 M in Bordeaux und 18 (21/23) M in Blaßblau. 1 (2/2) R deckend arbeiten, d.h. die M in der Farbe abstricken, wie sie erscheinen. In der anschließenden R jeweils die nur 1 M breiten Farbflächen gegen beide Seiten zu um je 1 M verbreitern und dafür die anderen Farbflächen um je 1 M schmaler werden lassen. Bei allen drei Größen über 2 R die M stricken, wie sie erscheinen, dann wieder die schmalen Zacken verbreitern und die breiten schmaler werden lassen usw., stets nach 3 R die Farben entsprechend verschieben. Wenn an beiden Kanten noch 10 (16/20) M in einer Farbe übrig sind, in der folgenden R beidseitig 2 M in Graublau stricken und 7 (13/17) M wie bisher. Wenn die zu Beginn breiten Zacken nur noch 1 M breit sind, über 1 (2/2) R die M stricken, wie sie erscheinen.
Anschließend über alle M 2 R in Marine arbeiten. Nun nach den Farbangaben in der Schnittzeichnung noch 3 Zackenreihen anfügen und jeweils dazwischen 2 R in Marine arbeiten. Für Größe 46 in jeder R die erste und letzte Stufe nur 2 R hoch stricken und die übrigen Stufen 3 R hoch. Für die Größen 48/50 und 52 alle Stufen 3 R hoch stricken. Nach der 4. Zackenreihe nur 1 R in Marine arbeiten und anschließend mit Nadeln Nr. 4 in Marine 1 M rechts, 1 M links stricken. Dabei so beginnen, daß auf der Vorderseite der Arbeit nach der Randm. 1 M

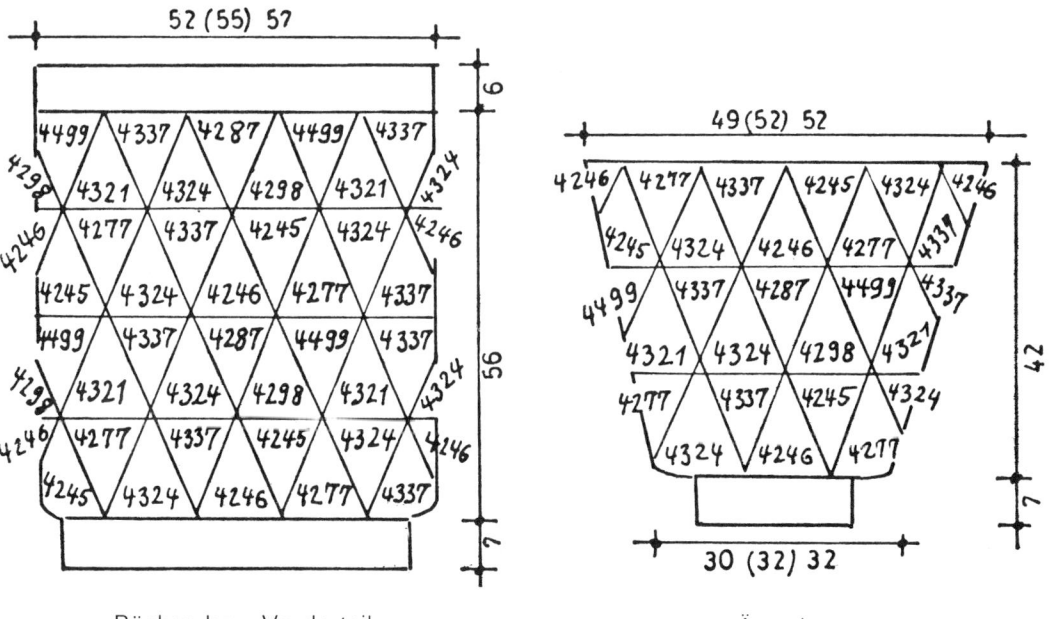

Rücken bzw. Vorderteil

Ärmel

rechts folgt. In 6 cm Höhe alle M abketten, dabei die mittleren 65 (67/67) M für den Halsausschnitt locker abketten.

Vorderteil: Wie das Rückenteil anfertigen.

Ärmel: 54 (58/58) M anschlagen und 7 cm im Bündchenmuster stricken. Weiter im Strickmuster arbeiten, dabei in der 1.R verteilt 13 M aufnehmen und die Zacken wie folgt einteilen: 20 (22/22) M in Bordeaux, 1 M in Blaßblau, 25 M in Graublau, 1 M in Hellgrau und 20 (22/22) M in Ecru. Für alle drei Größen die Stufen 3 R hoch arbeiten. An beiden Kanten 4 x im Abstand von 2,5 cm, 13 x im Abstand von 2 cm und 3 x im Abstand von 1 cm (17 x im Abstand von 2 cm und 5 x im Abstand von 1 cm / 17 x im Abstand von 2 cm und 5 x im Abstand von 1 cm) 1 M aufnehmen. Die Farben der Zacken genau nach den Angaben in der Schnittzeichnung einteilen und nach jeder Zackenreihe 2 R in Marine arbeiten. Wenn nach der 3. Zackenreihe 2 R in Marine gestrickt sind, alle 107 (115/115) M abketten.

Fertigstellung: Teile nach Schnitt spannen und mit feuchten Tüchern bedeckt trocknen lassen. Nähte schließen, dabei die Seitennähte entsprechend der Ärmelweite offenlassen und für den Halsausschnitt die mittleren 65 (67/67) M. Ärmel einsetzen.

Größen 36/38 und 40/42

Bei unterschiedlichen Angaben: Größe 40/42 in Klammern.
Obere Weite des Modells (oberhalb vom Bündchen) 92 (114) cm, gesamte Länge 60 (63) cm.

Material: H.E.C. Wolle, Qualität aarlan alpaca-silk, 640 (740) g in Ecru Nr. 3177. Je 1 Paar Stricknadeln Nr. 2½ – 3 und 5 – 5½, 1 Nadelspiel Nr. 3.
Strickmuster: Mit Nadeln Nr. 5 – 5½ nach der Strickschrift Seite 153 arbeiten.
Bündchenmuster: Mit Nadeln Nr. 2½–3 abwechselnd 1 M rechts, 1 M links.
Maschenprobe: 24 M und 34 R im Strickmuster = 10 x 10 cm. 13 M (ein halber Rapport) = 5,5 cm Breite.

ARBEITSANLEITUNG

Rücken: 82 (96) M anschlagen und 7 cm im Bündchenmuster arbeiten. Anschließend auf der Vorderseite der Arbeit alle M rechts stricken, dabei verteilt 25 (37) M aufnehmen = 107 (133). Auf der Rückseite der Arbeit alle M links stricken. Nun im Strickmuster fortfahren. Die Kanten bleiben gerade. In 58 (61) cm Gesamthöhe für die Schultern beidseitig in jeder 2. R 3 x 10 (2 x 14 und 1 x 15) M abketten. Die restlichen 47 M für den Halsausschnitt gerade abketten.

Vorderteil: Wie das Rückenteil anfertigen, jedoch in 53 (56) cm Gesamthöhe für den Halsausschnitt die mittleren 25 M abketten. Beidseitig davon in jeder 2. R 1 x 4, 1 x 3, 1 x 2, 1 x 1, 1 x 0, 1 x 1 M abketten.

Ärmel: 50 (52) M anschlagen und im Bündchenmuster arbeiten. Nach 5,5 cm auf der Vorderseite der Arbeit alle M rechts stricken, dabei verteilt 13 (23) M aufnehmen = 63 (75) M. Auf der Rückseite der Arbeit alle M links stricken. Nun im Strickmuster fortfahren, dabei an beiden Kanten 17 (14) x 1 M in jeder 4. R und 31 (34) x 1 M in jeder 2. R aufnehmen = 159 (171) M. In 42 (44) cm Gesamthöhe alle M locker abketten.

Fertigstellung: Teile nach Schnitt spannen und mit feuchten Tüchern bedeckt trocknen lassen. Nähte schließen, dabei die Seitennähte entsprechend der Ärmelweite offenlassen. Für den Halsabschluß am Rückenteil 33 M und am Vorderteil beidseitig der Mittelm. 28 M und die Mittelm. auf das Nadelspiel auffassen = 90 M. In Rd glatt rechts = Hinr. rechts, Rückr. links stricken. In 4,5 cm Höhe alle M locker abketten, das Bündchen zur Hälfte nach innen umschlagen und annähen. Ärmel einsetzen.

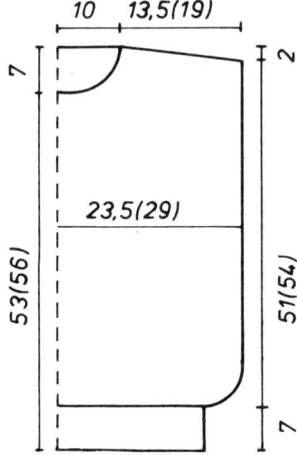

½ Rücken bzw. Vorderteil

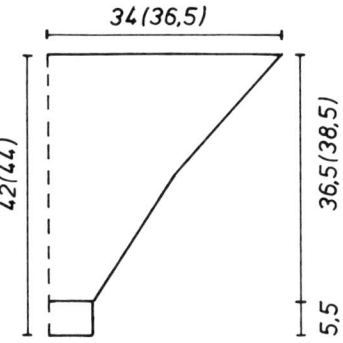

½ Ärmel

Größen 48 und 50/52

Bei unterschiedlichen Angaben: Größe 50/52 in Klammern.
Obere Weite des Modells 110 (120) cm, gesamte Länge 73 (75) cm.

Material: H.E.C. Wolle, Qualität aarlan alpaca-silk, 680 (770) g in Beige Nr. 3164. Je 1 Paar Stricknadeln Nr. 2½–3 und 5–5½, 1 Nadelspiel Nr. 3½–4, 2 Knöpfe.
Strickmuster: Mit Nadeln Nr. 5–5½ nach der Strickschrift Seite 153 arbeiten.
Bündchenmuster: Mit Nadeln Nr. 2½–3 abwechselnd 1 M rechts, 1 M links.
Maschenprobe: 24 M und 34 R im Strickmuster = 10 x 10 cm. 13 M (ein halber Rapport) = 5,5 cm Breite.

ARBEITSANLEITUNG

Rücken: 96 (104) M anschlagen und im Bündchenmuster arbeiten. Nach 9 cm auf der Vorderseite der Arbeit verteilt 37 (42) M aufnehmen, dabei alle M rechts stricken = 133 (146) M. Auf der Rückseite der Arbeit alle M links stricken. Im Strickmuster fortfahren. In 45 cm Gesamthöhe für die Armausschnitte beidseitig 1 x 13 M abketten = 107 (120) M. Nach 26 (28) cm ab Armausschnitt für die Schultern beidseitig in jeder 2. R 3 x 11 (3 x 13) M abketten. Die restlichen 41 (42) M für den Halsausschnitt gerade abketten.
Vorderteil: Wie das Rückenteil anfertigen, jedoch nach 19 (20) cm ab Armausschnitt für den Halsausschnitt die mittleren 21 (22) M abketten. Beidseitig davon in jeder 2. R noch 1 x 4, 2 x 2, 1 x 1, 1 x 0, 1 x 1 M abketten.
Ärmel: 56 (60) M anschlagen und im Bündchenmuster arbeiten. Nach 8 cm auf der Vorderseite der Arbeit verteilt 25 (21) M aufnehmen, dabei alle M rechts stricken = 81 (81) M. Auf der Rückseite der Arbeit alle M links stricken. Nun im Strickmuster fortfahren, dabei an beiden Kanten 9 x 1 M im Abstand von 3 cm, 3 x 1 M im Abstand von 2,5 cm und 6 x 1 M im Abstand von 1,5 cm (12 x 1 M im Abstand von 2,5 cm und 9 x 1 M im Abstand von 1,5 cm) aufnehmen = 117 (123) M. In 51,5 cm Gesamthöhe noch 6 cm gerade stricken. In 57,5 cm Gesamthöhe alle M locker abketten.
Fertigstellung: Teile nach Schnitt spannen und mit feuchten Tüchern bedeckt trocknen lassen. Nähte schließen.
Für den Stehkragen die M wie folgt auf das Nadelspiel auffassen: von der Mitte vorn zur rechten Schulter hin 29 (31) M, am Rückenteil 40 (42) M und bis zur Mitte vorn wieder 29 (31) M. Für den Übertritt noch 5 M dazu anschlagen = 103 (109) M. Im Bündchenmuster arbeiten, offen stricken. Nach 1,5 cm das 1. Knopfloch wie folgt arbeiten: Beim Übertritt auf der Rückseite der Arbeit mit Randm. beginnen, 2 M stricken, die folgenden 3 M abketten, ohne zu stricken, gleichzeitig 3 M dazu anschlagen. Nun 3 cm gerade stricken und das 2. Knopfloch genauso wie das 1. arbeiten. Dann wieder 3 cm gerade stricken, das 3. Knopfloch einarbeiten, 3 cm gerade stricken, das 4. Knopfloch arbeiten.
Anschließend noch knapp 1,5 cm stricken und alle M locker abketten. Den Kragen zur Hälfte nach innen umschlagen und annähen. Die 5 M Übertritt mit Maschenstich ansäumen und die Knopflöcher umnähen. Ärmel einsetzen und Knöpfe annähen.

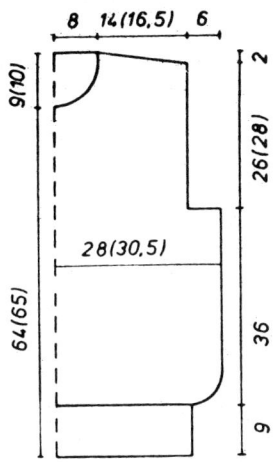

½ Rücken bzw. Vorderteil

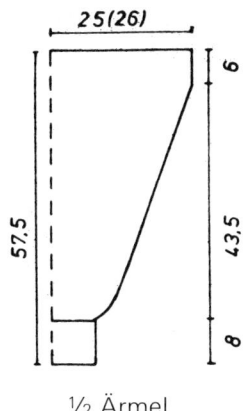

½ Ärmel

Größen 48/50 und 52

Bei unterschiedlichen Angaben: Größe 52 in Klammern.

Material: KKK Wolle, Qualität Gloria, 350 (400) g in Schwarz Nr. 829, 300 g in Grau Nr. 828 und 300 g in Beige Nr. 866. Je 1 Rundstricknadel Nr. 3 und 4, 80 cm lang.

Strickmuster: Mit Nadel Nr. 4 glatt rechts = Hinreihe rechts, Rückreihe links. Dabei * 2 R in Schwarz, 2 R in Grau und 2 R in Beige arbeiten. Ab * wiederholen.

Um ein gleichmäßiges Cloquémuster zu erreichen, wie folgt arbeiten:

8 – 12 R glatt rechts stricken, dann in einer Rückreihe 2 M von jeder 9.–12. M tiefer gestochen abstricken, d. h. in die zu strickende M einstechen und in die gleiche M 8–12 R tiefer nochmals einstechen und zusammen links abstricken. Die 2. M genauso stricken. In jeder 8.–12. R die 2 tiefer gestochenen M unregelmäßig versetzen, jedoch innerhalb jeder 9.–12. M.

Bündchenmuster: Mit Nadel Nr. 3 abwechselnd 2 M rechts, 2 M links.

Maschenprobe: 21 M und 34 R = 10 x 10 cm.

Rücken: 113 (117) M in Schwarz anschlagen und 4 cm im Bündchenmuster stricken. Im Strickmuster weiterarbeiten. Nach insgesamt 63 (66) cm alle M abketten.

Vorderteil: Wie das Rückenteil anfertigen, jedoch für den Halsausschnitt in 55 (58) cm Gesamthöhe die mittleren 11 M abketten und getrennt weiterarbeiten. Am inneren Arbeitsrand in jeder 2. R 1 x 3 M, 4 x 2 M und 6 x 1 M abnehmen. Die restlichen Schultermaschen nach 8 cm abketten.

Ärmel: 63 (67) M in Schwarz anschlagen und 4 cm im Bündchenmuster stricken. Im Strickmuster weiterarbeiten, dabei in der 1. R verteilt 10 M zunehmen = 73 (77) M. Für die Schräge beidseitig in jeder 6. R 20 x 1 M zunehmen = 113 (117) M. In 40 (42) cm Gesamthöhe alle M abketten.

Fertigstellung: Nähte schließen, Ärmel einsetzen. Aus dem Halsausschnitt in Schwarz 99 M aufnehmen und im Bündchenmuster 3 cm stricken. Anschließend alle M abketten.

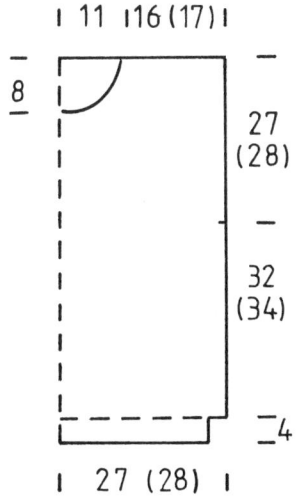

½ Rücken bzw. Vorderteil

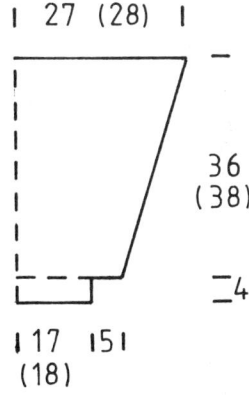

½ Ärmel

MODELL 7

MODISCH

Größe 48 bis 52

Obere Weite 96 bis 104 cm. Das Modell hat zusätzliche Weite.

Material: Scheepjeswol, Qualität Superwash Zermatt, 600 g in Weiß Nr. 4812 und 200 g in Grau Nr. 4822. Je 1 Paar Stricknadeln Nr. 3½, 4 und 4½, 1 Nadelspiel Nr. 3½.

Strickmuster I: Mit Nadeln Nr. 4 glatt rechts = Hinreihe rechts, Rückreihe links.

Strickmuster II: Mit Nadeln Nr. 4½ glatt rechts im Jacquardmuster nach der Strickschrift Seite 154 arbeiten.

Bündchenmuster: Mit Nadeln Nr. 3½ abwechselnd 1 M rechts, 1 M links.

Maschenprobe: 21 M und 26 R im Strickmuster I bzw. 21 M und 24 R im Strickmuster II = jeweils 10 x 10 cm.

ARBEITSANLEITUNG

Rücken: 108 M in Weiß anschlagen und 6 cm im Bündchenmuster stricken, dabei in der letzten R auf das Bündchen verteilt 12 M aus dem Querdraht rechts verschränkt herausstricken = 120 M, anschließend im Strickmuster II weiterarbeiten (1 Kästchen der Strickschrift = 1 M x 1 R). Nach 84 R ab Bund für die Armaus-schnitte beidseitig 6 M abketten, nach weiteren 58 R die übriggebliebenen 108 M auf einmal locker abketten. Die Gesamthöhe beträgt 65 cm.

Vorderteil: Wie das Rückenteil anfertigen, jedoch die Strickschrift gegengleich arbeiten. Für den Halsausschnitt nach 120 R ab Bund die mittleren 16 M abketten und getrennt weiterstricken, dabei am Halsrand noch jeweils 1 x 3, 2 x 2 und 6 x 1 M in jeder 2. R abketten. Nach 22 R ab Beginn des Halsausschnittes die für die Schulter übriggebliebenen jeweils 33 M auf einmal abketten.

Ärmel: 54 M in Weiß anschlagen und 5 cm im Bündchenmuster stricken. Im Strickmuster I fortfahren, dabei in der 1. R auf das Bündchen verteilt 8 M aus dem Querdraht rechts verschränkt herausstricken = 62 M. Für die Ärmelschräge 19 x in jeder 6. R beidseitig je 1 M zunehmen. Nach 122 R ab Bund alle 100 M auf einmal locker abketten. Die Gesamthöhe beträgt 52 cm.

Fertigstellung: Teile nach Schnitt spannen und mit feuchten Tüchern bedeckt trocknen lassen. Schulternähte schließen, Ärmel einsetzen, übrige Nähte schließen.

Für das Halsbündchen mit dem Nadelspiel 114 M in Weiß auffassen und 2,5 cm im Bündchenmuster stricken. Anschließend alle M locker abketten.

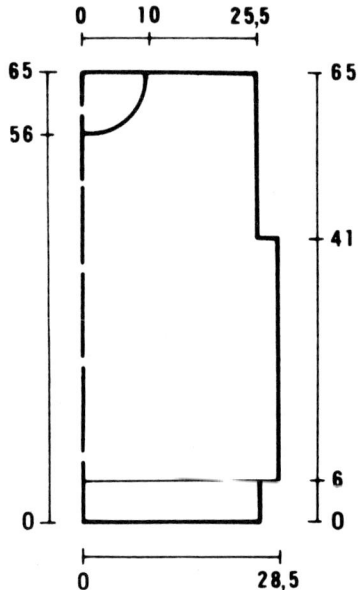

½ Rücken bzw. Vorderteil

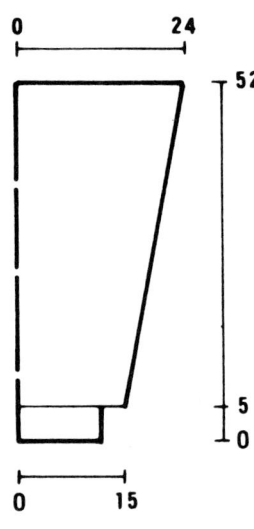

½ Ärmel

Größen 48/50 und 52
Bei unterschiedlichen Angaben: Größe 52 in Klammern.

Material: KKK Wolle, Qualität Macco, 700 (750) g in Grau Nr. 2. Je 1 Rundstricknadel Nr. 3½ und 4½, 80 cm lang, 1 Zopfnadel.
Strickmuster I: Mit Nadel Nr. 4½ im Perlmuster nach der Strickschrift Seite 155 arbeiten. Hinreihe: * 1 M rechts, 1 M links. Ab * wiederholen.
Rückreihe:* 1 M links, 1 M rechts. Ab * wiederholen.
Strickmuster II: Mit Nadel Nr. 4½ im Zopfmuster nach der Strickschrift Seite 155 arbeiten.
1. – 11. R: Glatt rechts = Hinreihe rechts, Rückreihe links.
12. R (Hinreihe): 5 M auf die Zopfnadel heben und vor die Arbeit legen, 5 M rechts, die M auf der Zopfnadel rechts abstricken.
Die 1. – 12. R wiederholen.
Strickmuster III: Mit Nadel Nr. 4½ im Sandmuster nach der Strickschrift Seite 155 arbeiten.
Hinreihe: rechte M.
Rückreihe:* 1 M rechts, 1 M links. Ab * wiederholen.
Strickschrift: Gezeichnet ist das rechte Maschenbild.
1 Kästchen = 1 M und 1 R.
Waagerechte Linie = Hinreihe linke M, Rückreihe rechte M.

Die äußere Linie kennzeichnet Größe 48/50, die gestrichelte Linie gibt Größe 52 an.
Bündchenmuster: Mit Nadel Nr. 3½ abwechselnd 2 M rechts, 2 M links.
Maschenprobe: 19 M und 29 R = 10 x 10 cm.

ARBEITSANLEITUNG

Rücken: 102 (106) M anschlagen und 6 cm im Bündchenmuster stricken. Anschließend die verschiedenen Strickmuster entsprechend der Strickschrift arbeiten. Alle M abketten.
Vorderteil: Wie das Rückenteil anfertigen. Den Halsausschnitt ebenfalls nach der Strickschrift arbeiten.
Ärmel: 40 M anschlagen und 6 cm im Bündchenmuster stricken. Mit Nadel Nr. 4½ weiterarbeiten, dabei in der 1. R verteilt 14 M zunehmen = 54 M und die M wie folgt einteilen: Über die mittleren 10 M im Strickmuster II arbeiten, die übrigen M im Strickmuster I. Für die Schräge beidseitig in jeder 6. R 22 x 1 M zunehmen = 98 M. In 50 (52) cm Gesamthöhe alle M abketten. Den zweiten Ärmel genauso arbeiten.
Fertigstellung: Seiten-, Schulter- und Ärmelnähte schließen, Ärmel einsetzen. Aus dem Halsausschnitt 100 M aufnehmen und 3 cm im Bündchenmuster stricken. Anschließend alle M abketten.

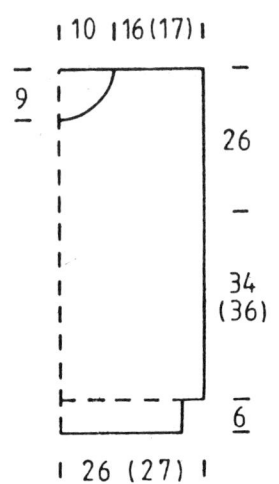

½ Rücken bzw. Vorderteil

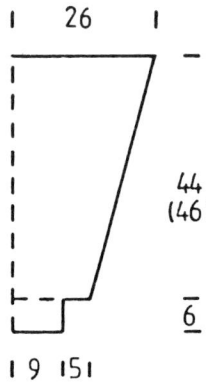

½ Ärmel

MODELL 10

MODISCH

Größen 50 und 52/54
Bei unterschiedlichen Angaben: Größe 52/54 in Klammern.

Material: KKK Wolle, Qualität Viva. 450 g in Grau Nr. 4 und 250 g in Grün Nr. 14. Je 1 Rundstricknadel Nr. 3 und 4, 80 cm lang.
Strickmuster I: Mit Nadel Nr. 4 glatt rechts = Hinreihe rechts, Rückreihe links.
Strickmuster II: Mit Nadel Nr. 4 glatt links = Hinreihe links, Rückreihe rechts. Dabei 2 R in Grau und 2 R in Grün im Wechsel arbeiten.
Bündchenmuster: Mit Nadel Nr. 3 abwechselnd 2 M rechts, 2 M links.
Maschenprobe: 18 M und 24 R = 10 x 10 cm.

ARBEITSANLEITUNG

Rücken: 100 (105) M in Grau anschlagen und 14 cm im Bündchenmuster stricken. In den beiden Strickmustern fortfahren, dafür die M wie folgt einteilen: * 20 (21) M Strickmuster I, 20 (21) M Strickmuster II. Ab * 2 x arbeiten, mit 20 (21) M Strickmuster I enden. In 70 (72) cm Gesamthöhe alle M abketten.
Vorderteil: Wie das Rückenteil anfertigen, jedoch für den Halsausschnitt in 62 (64) cm Gesamthöhe die mittleren 20 (21) M abketten und getrennt weiterarbeiten. Am inneren Arbeitsrand in jeder 2. R 1 x 4 M, 1 x 3 M, 1 x 2 M und 3 x 1 M abnehmen. Die restlichen 28 (30) M nach 8 cm abketten. Die zweite Seite gegengleich beenden.
Ärmel: 56 M in Grau anschlagen und 14 cm im Bündchenmuster stricken. Im Strickmuster II fortfahren, dabei in der 1. R 6 M verteilt zunehmen = 62 M. Für die Schräge in jeder 8. R beidseitig 12 x 1 M zunehmen = 86 M. In 56 (58) cm Gesamthöhe alle M abketten. Den zweiten Ärmel genauso arbeiten.
Fertigstellung: Seiten-, Schulter- und Ärmelnähte schließen. Ärmel einsetzen. Aus dem Halsausschnitt in Grau 120 M aufnehmen, dabei mit der linken Schulter beginnen, und 28 cm im Bündchenmuster stricken. M abketten. Den Kragen von rechts 9 cm zunähen.

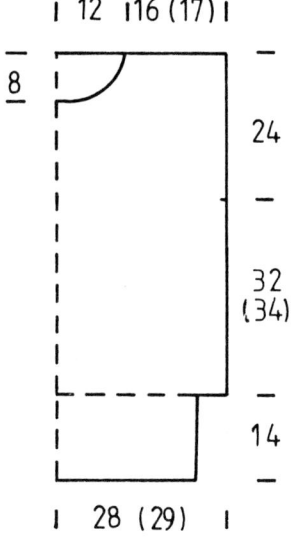

½ Rücken bzw. Vorderteil

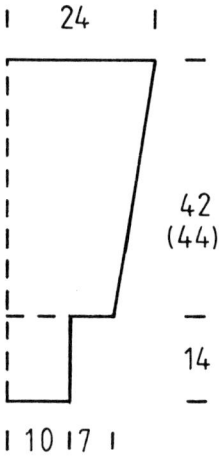

½ Ärmel

Größen 48, 50/52 und 54

Bei unterschiedlichen Angaben: Größen 50/52 und 54 in Klammern.

Material: Schoeller Wolle, Qualität terra, 600 (650/700) g in Natur Nr. 13, 100 g in Blau Nr. 68 und 50 g in Grün Nr. 61. 1 Paar Stricknadeln Nr. 4½, je 1 Rundstricknadel Nr. 4, 40 und 80 cm lang, 1 Häkelnadel Nr. 4½.

Strickmuster: Mit Nadeln Nr. 4½ glatt rechts = Hinreihe rechts, Rückreihe links.

Streifenfolge Rücken bzw. Vorderteil: 15 (18/20) R in Natur, * 4 R in Blau, 16 R in Natur *. Von * bis * noch 3 x wiederholen, 4 R in Blau und 15 (18/20) R in Natur.

Bündchenmuster: Mit Nadel Nr. 4 abwechselnd 2 M rechts, 2 M links.

Maschenprobe: 16 M und 21 R = 10 x 10 cm.

ARBEITSANLEITUNG

Rücken: 96 M in Natur anschlagen und in Strickmuster und Streifenfolge 54 (57/59) cm stricken. Dann alle M abketten.

Vorderteil: 96 M in Natur anschlagen und in Strickmuster und Streifenfolge 17 (18,5/19) cm stricken. Für den Halsausschnitt an der linken Seite 1 x 3, 1 x 2 und 3 x 1 M abketten, 22 (22/24) R gerade hoch stricken, dann 3 x 1, 1 x 2 und 1 x 3 M zunehmen. In 54 (57/59) cm Gesamthöhe alle M abketten.

Ärmel: 38 (42/42) M in Natur anschlagen und 6 cm im Bündchenmuster stricken. Im Strickmuster fortfahren, dabei in der 1. R verteilt 11 (9/11) M zunehmen. Für die Ärmelschräge beidseitig 14 (14/15) x 1 M in jeder 6. R zunehmen. In 52 cm Gesamthöhe 2 R mit einem Kontrastfaden darüberstricken, dann alle M von der Nadel nehmen. Die kurzen diagonalen Streifen in Grün werden später aufgehäkelt.

Fertigstellung: Rücken und Vorderteil der Abbildung entsprechend mit grünen diagonalen Kettmaschenstreifen behäkeln. Schulternähte schließen. Die offenen M der Ärmel im Steppstich aufnähen, dabei die letzten 2 R (Kontrastfaden) nach und nach aufziehen. Seiten- und Ärmelnähte schließen.

Für das untere Taillenbündchen in Natur 124 (128/136) M anschlagen, zur Rd schließen und 8 cm im Bündchenmuster stricken. Anschließend noch 2 Rd rechts mit einem Kontrastfaden darüberstricken, dann alle M von der Nadel nehmen. Die offenen M im Steppstich auf die untere Pullikante nähen, dabei die letzten 2 R (Kontrastfaden) nach und nach aufziehen.

Für den Rollkragen in Natur 88 (88/92) M anschlagen, zur Rd schließen und 21 cm im Bündchenmuster stricken. Dann noch 2 Rd rechts mit einem Kontrastfaden darüberstricken und die M von der Nadel nehmen. Nun die offenen M im Steppstich auf die Halsausschnittkante nähen, dabei die letzten 2 Rd (Kontrastfaden) nach und nach aufziehen.

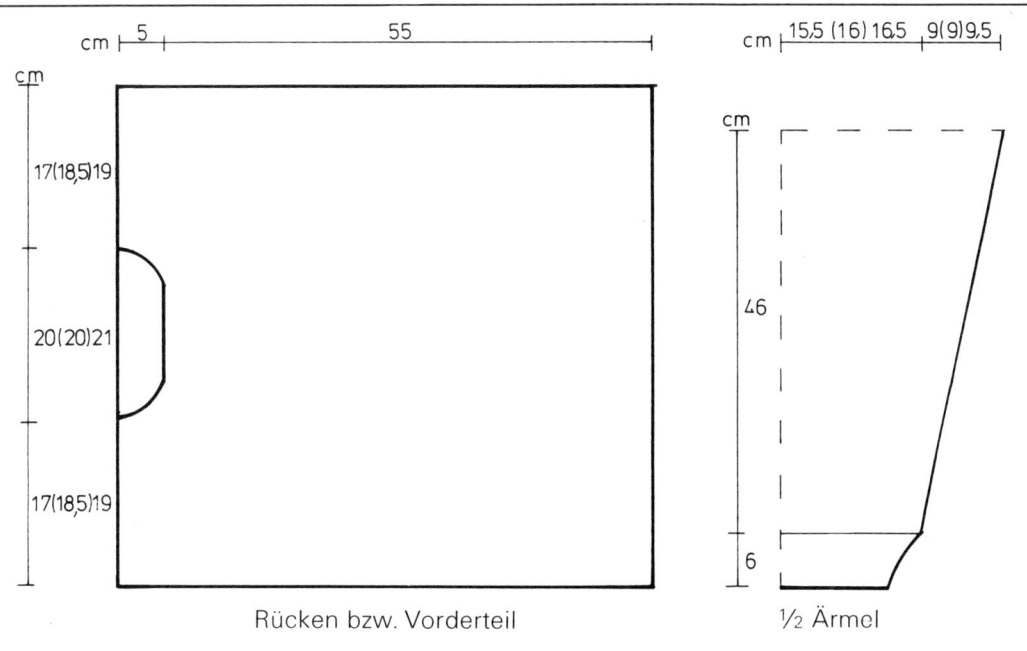

Rücken bzw. Vorderteil

½ Ärmel

Größen 50 und 52

Bei unterschiedlichen Angaben: Größe 52 in Klammern.

Material: KKK Wolle, Qualität Sportina, 700 g in Rost Nr. 285. Je 1 Rundstricknadel Nr. 3 und 4½, 80 cm lang.

Strickmuster: Mit Nadel Nr. 4½ glatt rechts = Hinreihe rechts, Rückreihe links nach Strickschrift I und II Seite 156/157 arbeiten.

Strickschriften: Gezeichnet ist jeweils das rechte Maschenbild.

Die innere Linie gibt die kleine Größe an. Die umrandeten Felder beim Rücken bzw. Vorderteil werden glatt links gestrickt = Hinreihe links, Rückreihe rechts.

Bündchenmuster: Mit Nadel Nr. 3 abwechselnd 2 M rechts, 2 M links.

Maschenprobe: 17 M und 24 R = 10 x 10 cm.

ARBEITSANLEITUNG

Rücken: 88 (92) M anschlagen und 10 cm im Bündchenmuster arbeiten. Im Strickmuster nach der Strickschrift I fortfahren. Abschließend noch 4 cm im Bündchenmuster stricken und alle M abketten.

Vorderteil: Nach den gleichen Angaben, wie beim Rückenteil beschrieben, anfertigen.

Ärmel: Mit dem rechten Ärmel beginnen. Dafür 48 M anschlagen und 6 cm im Bündchenmuster arbeiten. Anschließend im Strickmuster nach der Strickschrift II fortfahren. Den linken Ärmel gegengleich arbeiten.

Fertigstellung: Schulter- und Seitennähte bis auf die oberen 26 cm schließen. Ärmelnähte schließen und Ärmel einsetzen.

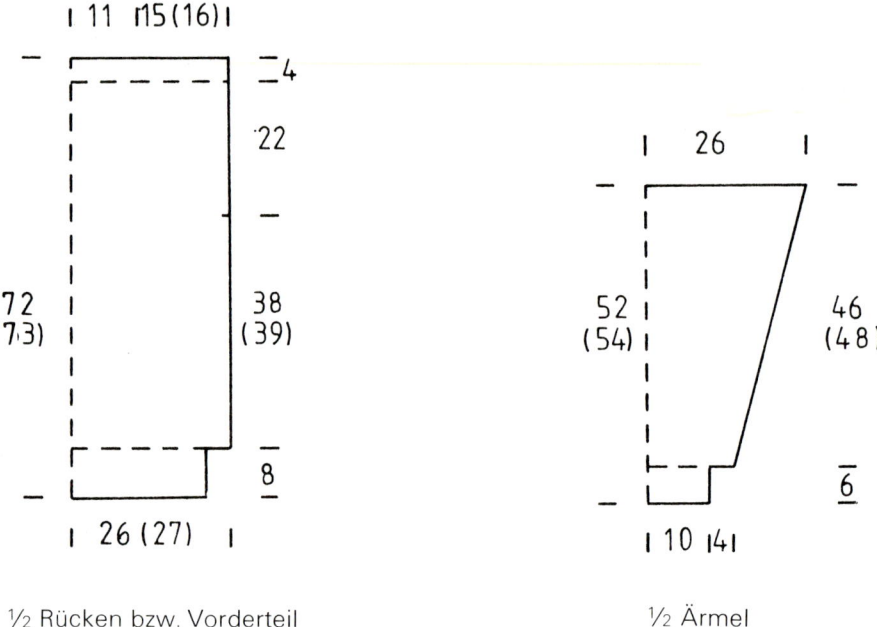

½ Rücken bzw. Vorderteil   ½ Ärmel

KLASSISCH MODELL 17, Seite 39

KLASSISCH MODELL 15, Seite 35

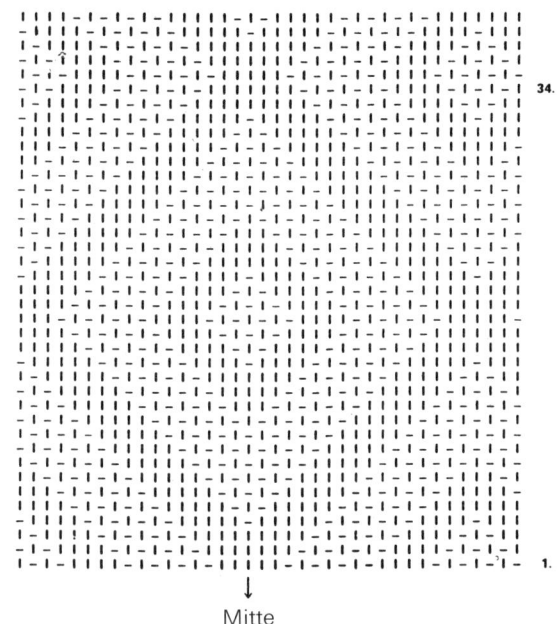

| = 1 M Hinr. rechts, Rückr. links

− = 1 M Hinr. links, Rückr. rechts

34.

1.

↓
Mitte

KLASSISCH MODELL 23, Seite 47

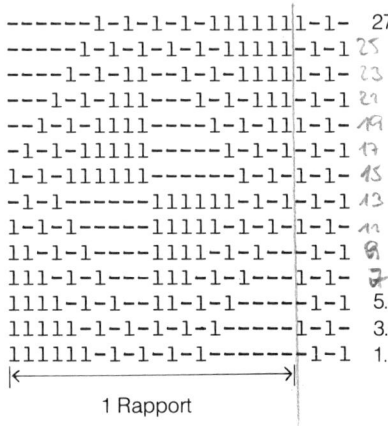

```
------1-1-1-1-1111111-1-  27.
---1-1-1-1-1-11111-1-1- 25
----1-1-11-1-1-11111-1- 23
---1-1-111---1-1-111-1- 21
--1-1-1111----1-1-11-1- 19
-1-1-11111-----1-1-1-1- 17
1-1-111111------1-1-1- 15
-1-1------111111-1-1-1- 13
1-1-1------11111-1-1-1- 11
11-1-1----1111-1-1---1- 9
111-1-1----111-1-1---1- 7
1111-1-1---11-1-1----1-1 5.
11111-1-1-1-1-1------1-1 3.
111111-1-1-1-1------1-1 1.
```
|←———————————→|
1 Rapport

1 = 1 M rechts
− = 1 M links

| = 1 M Hinr. rechts, Rückr. links

− = 1 M Hinr. links, Rückr. rechts

⟌ = Die 2. M vor der 1. M rechts stricken, dann die 1. M rechts stricken

⟍ = Die 2. M hinter der 1. M rechts stricken, dann die 1. M rechts stricken

⟍ = Die 2. und die 3. M hinter der 1. M rechts stricken, dann die 1. M rechts stricken

⟋ = Die 1. und 2. M auf eine Hilfsnadel hinter die Arbeit legen, die fol-

1 Rapport

gende M rechts strik-ken, dann die 2 M von der Hilfsnadel rechts stricken

⟍ = 2 M auf eine Hilfsnadel hinter die Arbeit legen, die folgenden 2 M rechts stricken, dann die 2 M von der Hilfsnadel rechts stricken

⟍ = 2 M auf eine Hilfsnadel vor die Arbeit legen, die folgenden 2 M rechts stricken, dann die 2 M von der Hilfsnadel rechts stricken

⟍⟍ = 3 M auf eine Hilfsnadel hinter die Arbeit legen,

die folgenden 2 M rechts stricken, dann die M von der Hilfsnadel rechts stricken

⟍ = 2 M auf eine Hilfsnadel vor die Arbeit legen, die folgenden 3 M rechts stricken, dann die M von der Hilfsnadel rechts stricken

↑ = 1 M in der Mitte des Motivs verschränkt auf-nehmen und glatt rechts stricken
Bei ↑ auf der Rückseite der Arbeit die aufge-nommene M mit der folgenden M links zu-sammenstricken

KLASSISCH MODELL 3/4, Seite 13

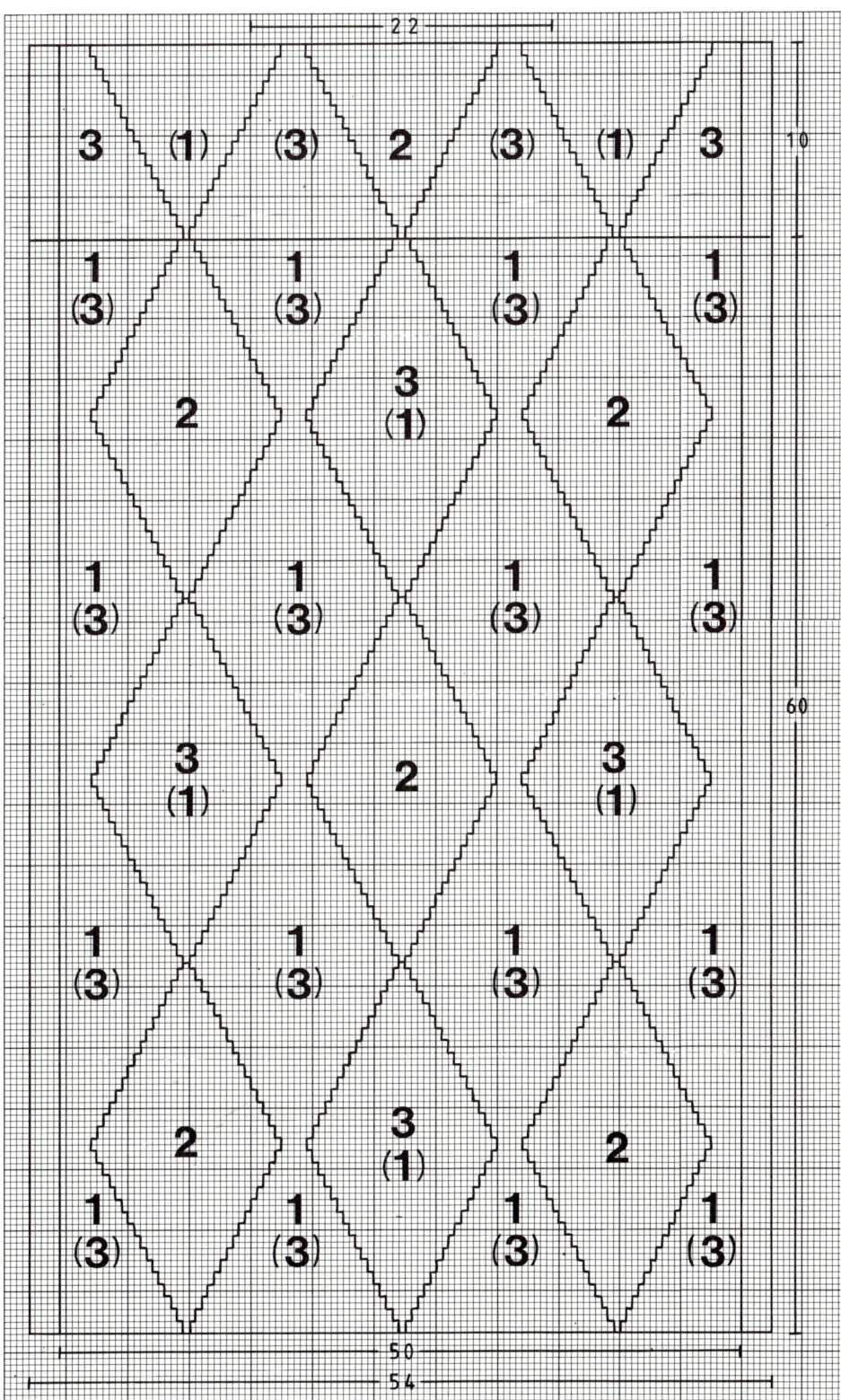

1 = weiß
2 = schwarz
3 = grau

Die Zahlen am Rand des Schemas
sind cm-Angaben.

KLASSISCH MODELL 11, Seite 26   Strickschrift I

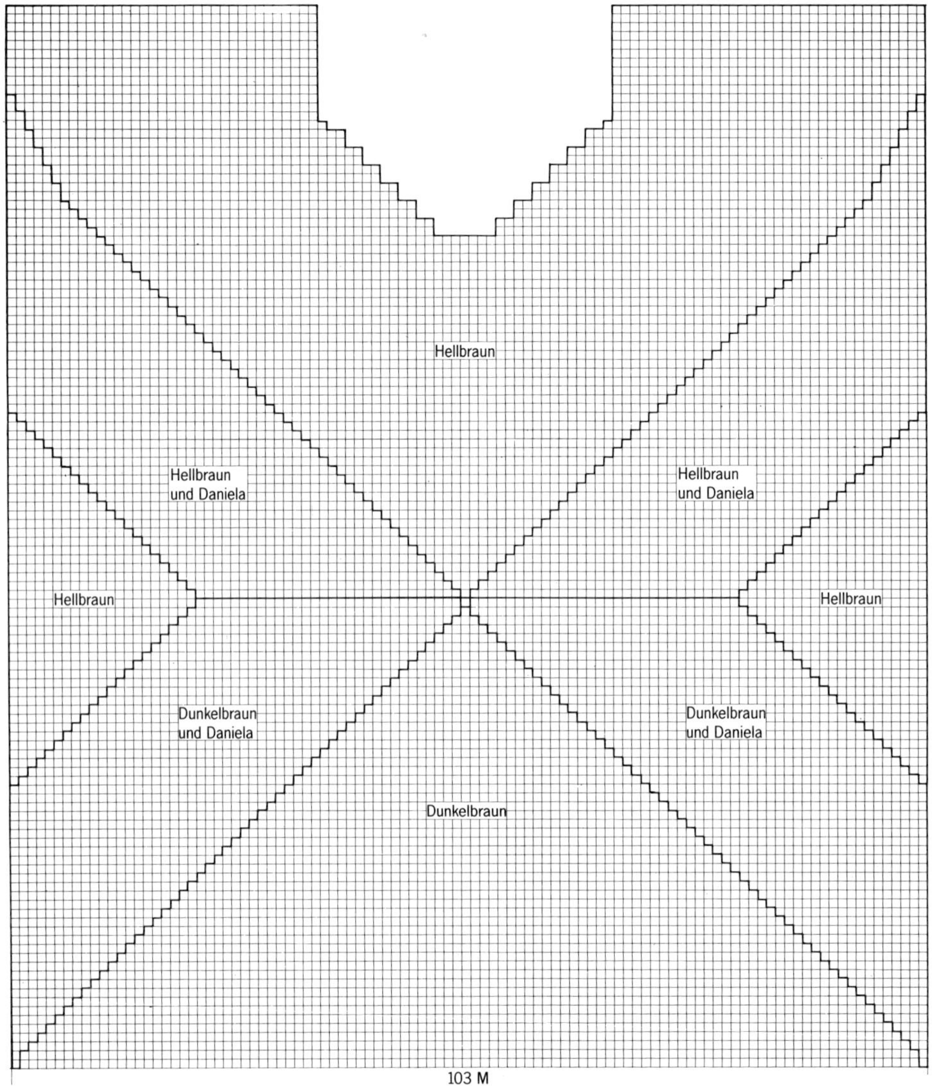

Hellbraun

Hellbraun
und Daniela

Hellbraun
und Daniela

Hellbraun

Hellbraun

Dunkelbraun
und Daniela

Dunkelbraun
und Daniela

Dunkelbraun

103 M

Musterbeginn
□ = 1 M und 1 R

KLASSISCH MODELL 13, Seite 30

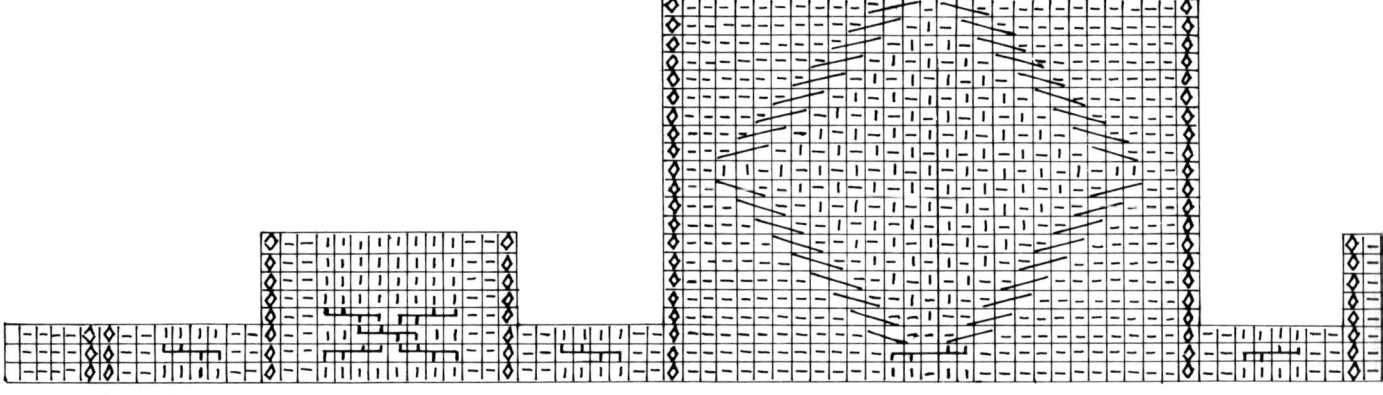

+ 4 M links (+ 6 M links)

KLASSISCH MODELL 11, Seite 26   Strickschrift II

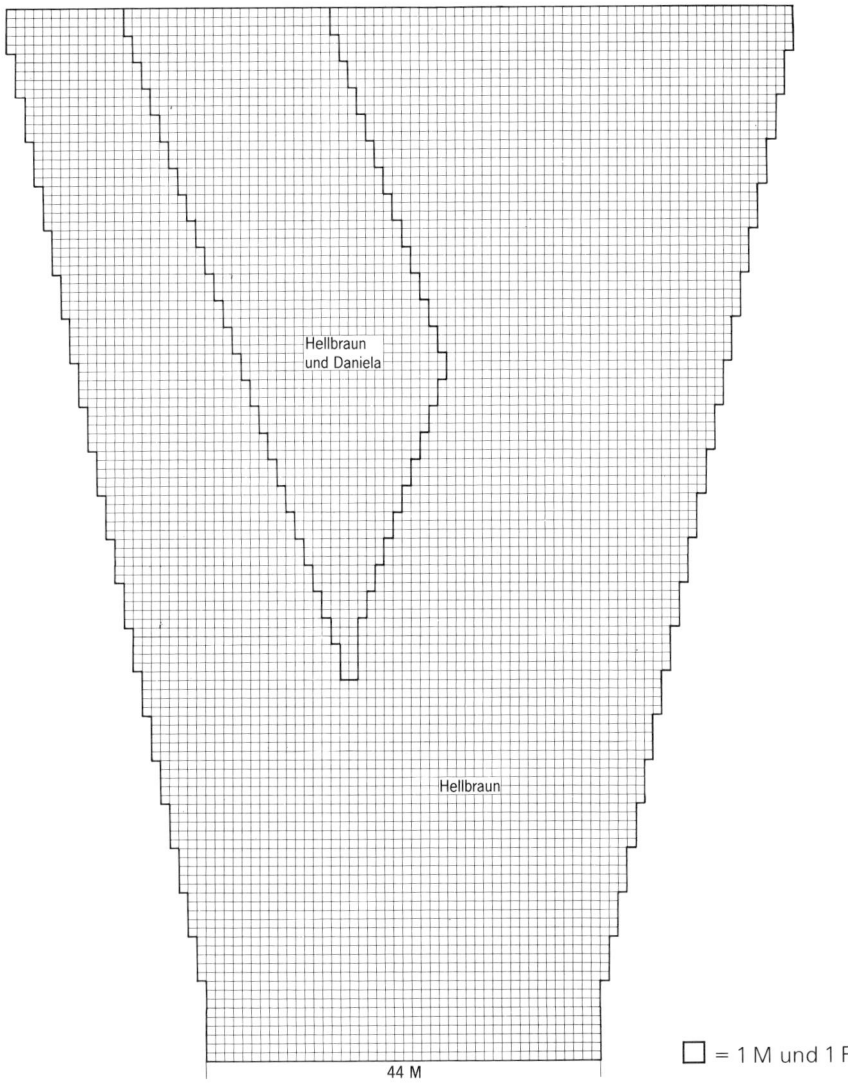

Hellbraun
und Daniela

Hellbraun

☐ = 1 M und 1 R

44 M

41.R

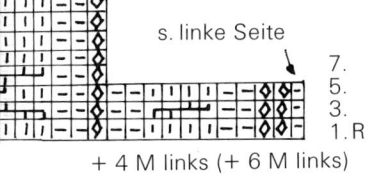

s. linke Seite

7.
5.
3.
1.R

+ 4 M links (+ 6 M links)

= 1 M links

= 1 M rechts

= 1 M rechts verschränkt

= 2 M auf eine Zopfnadel hinter die Arbeit legen,
2 M rechts, die M der Zopfnadel rechts stricken

= 2 M auf eine Zopfnadel vor die Arbeit legen,
2 M rechts, die M der Zopfnadel rechts stricken

= 1 M auf eine Zopfnadel hinter die Arbeit legen,
2 M rechts, die M der Zopfnadel rechts stricken

= 2 M auf eine Zopfnadel vor die Arbeit legen,
die folgende M links, die M der Zopfnadel rechts stricken

KLASSISCH MODELL 14, Seite 32

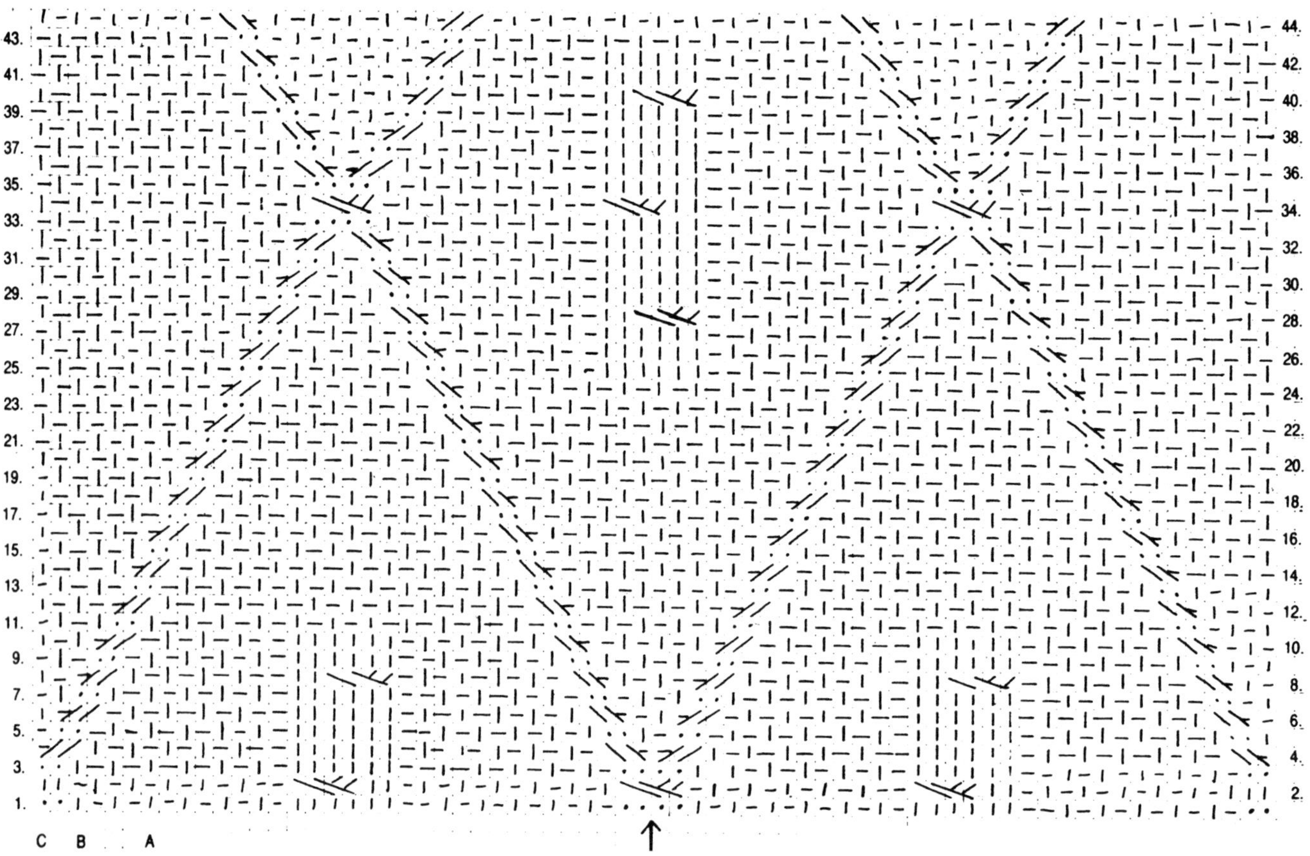

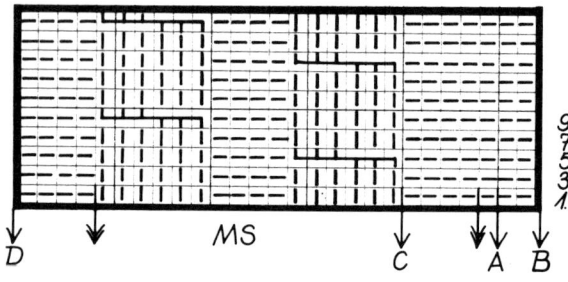

I = 1 M Hinr. rechts, Rückr. links

– = 1 M Hinr. links, Rückr. rechts

• = 1 M links abheben, dabei den Faden vor der M durchführen

↘⟍ = hintenherum zuerst die 3. M links stricken, dann die 1. und 2. M rechts

↗⟋ = 1 M auf eine Hilfsnadel hinter die Arbeit legen, 2 M rechts, dann die M von der Hilfsnadel links abstricken

↘⟍ = 2 M auf eine Hilfsnadel vor die Arbeit legen, 2 M rechts, dann die 2 M von der Hilfsnadel rechts abstricken

SOMMERLICH MODELL 3, Seite 92

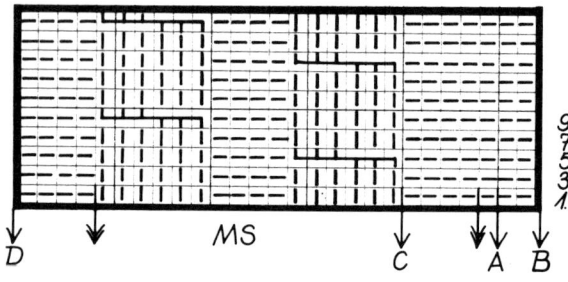

I = 1 M rechts

– = 1 M links

⨼⨼⨽ = 3 M auf eine Hilfsnadel vor die Arbeit legen, 3 M rechts, die Hilfsnadel-M rechts stricken

MS = Mustersatz

SOMMERLICH MODELL 1/2, Seite 90/91

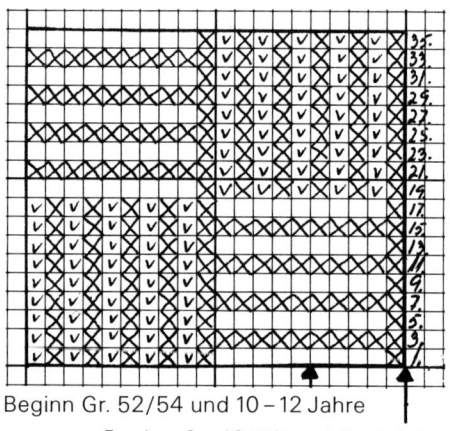

Beginn Gr. 52/54 und 10 – 12 Jahre

Beginn Gr. 48/50 und 6 – 8 Jahre

☐ = 1 M rechts

☒ = 1 M links

Ⅴ = 1 M re tiefer gestochen

In den Rückr. die M stricken, wie sie erscheinen

SPORTLICH MODELL 3, Seite 58

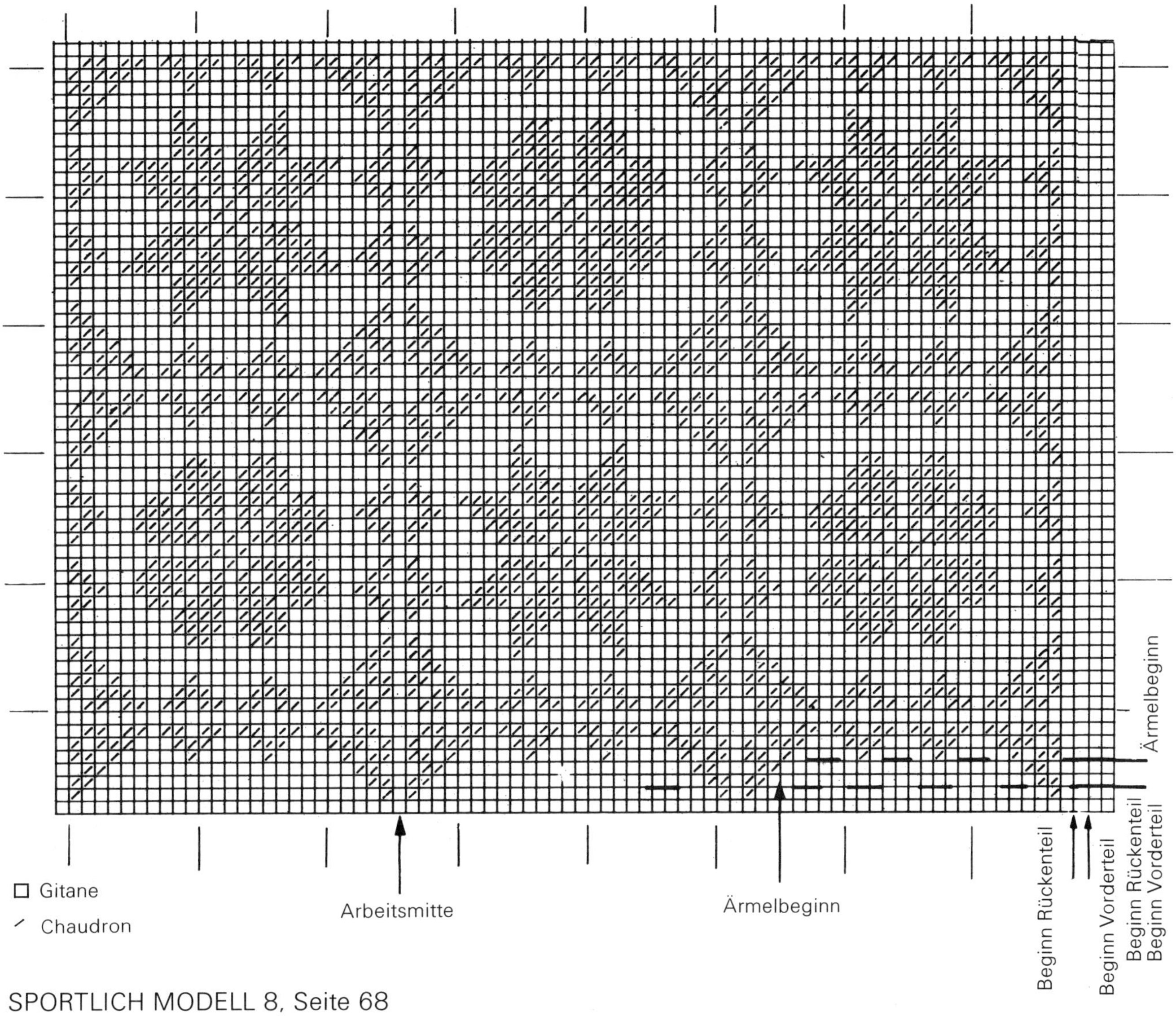

Ärmelbeginn

Arbeitsmitte

Ärmelbeginn

Beginn Rückenteil

Beginn Vorderteil

Beginn Rückenteil
Beginn Vorderteil

□ Gitane

╱ Chaudron

SPORTLICH MODELL 8, Seite 68

□ = 1 M in Meliert

• = 1 M in Rot

V = 1 M in Blau

SPORTLICH MODELL 6, Seite 64

SPORTLICH MODELL 13, Seite 79

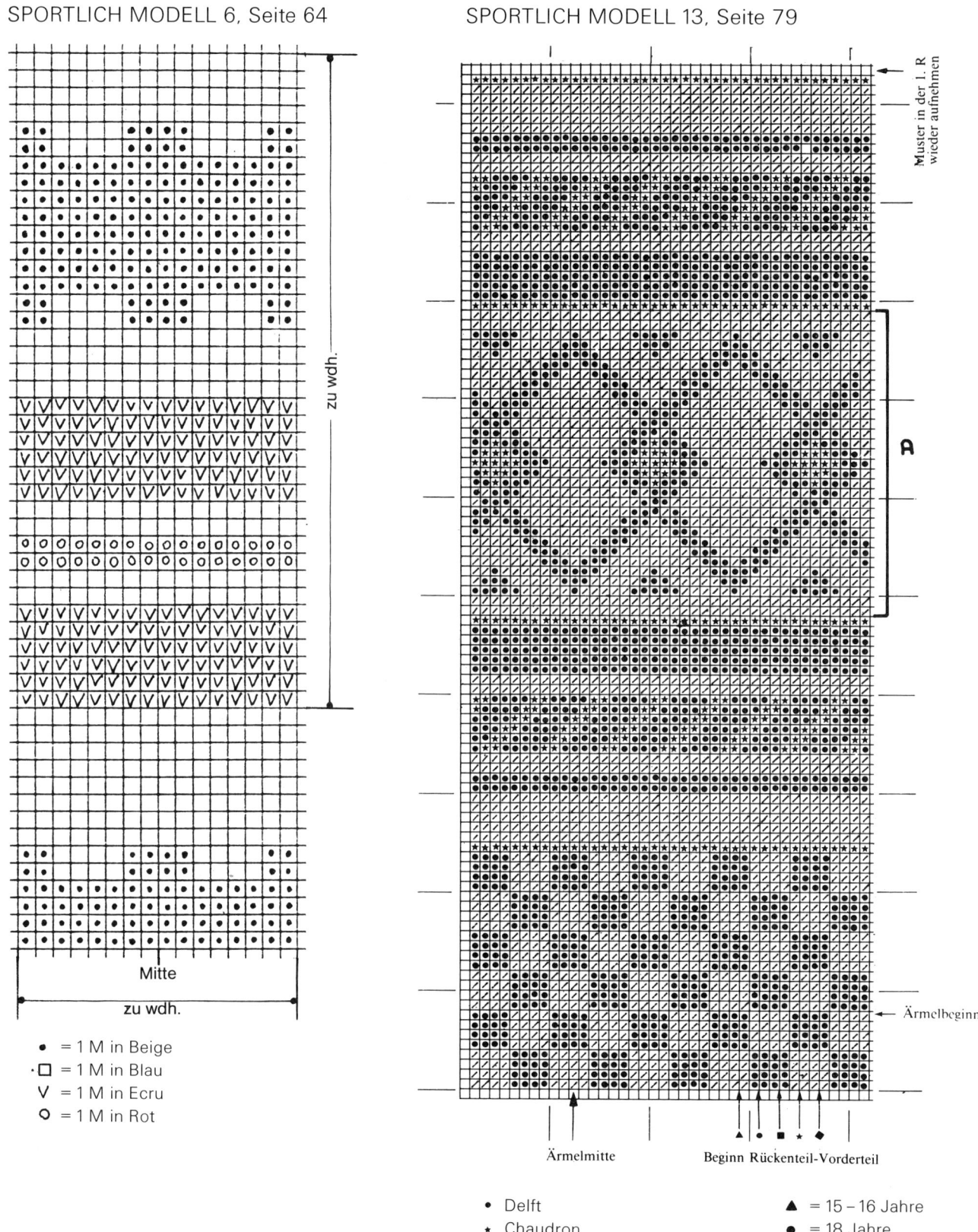

= 1 M in Beige

·□ = 1 M in Blau

V = 1 M in Ecru

O = 1 M in Rot

• Delft

★ Chaudron

⟋ Amiral

▲ = 15 – 16 Jahre

● = 18 Jahre

■ = kleine Herrengröße

★ = mittlere Herrengröße

◆ = große Herrengröße

SPORTLICH MODELL 15, Seite 83

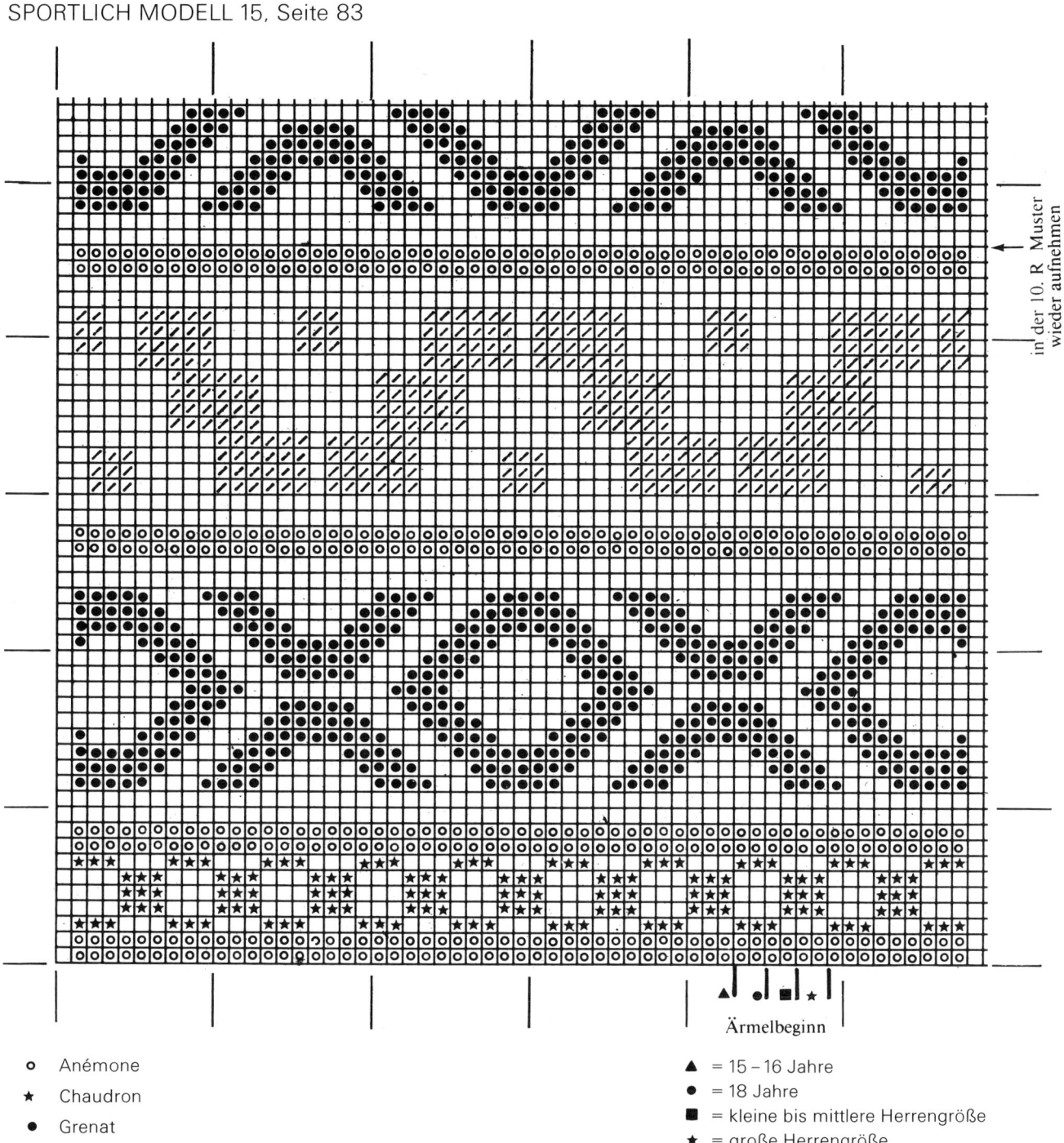

in der 10. R Muster wieder aufnehmen

Ärmelbeginn

○	Anémone
★	Chaudron
●	Grenat
╱	Serbie

▲ = 15 – 16 Jahre
● = 18 Jahre
■ = kleine bis mittlere Herrengröße
★ = große Herrengröße

SPORTLICH MODELL 16, Seite 84

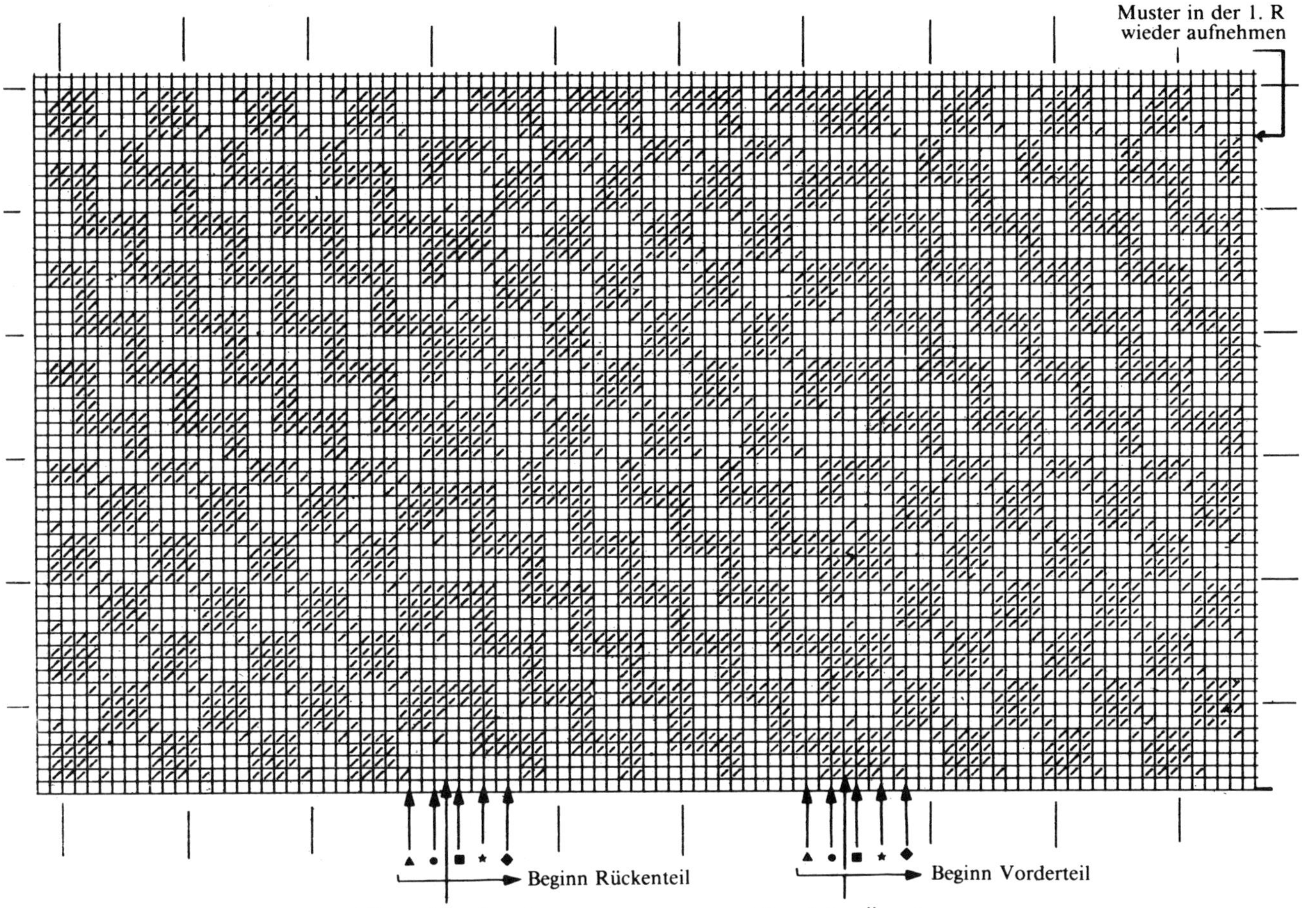

Muster in der 1. R wieder aufnehmen

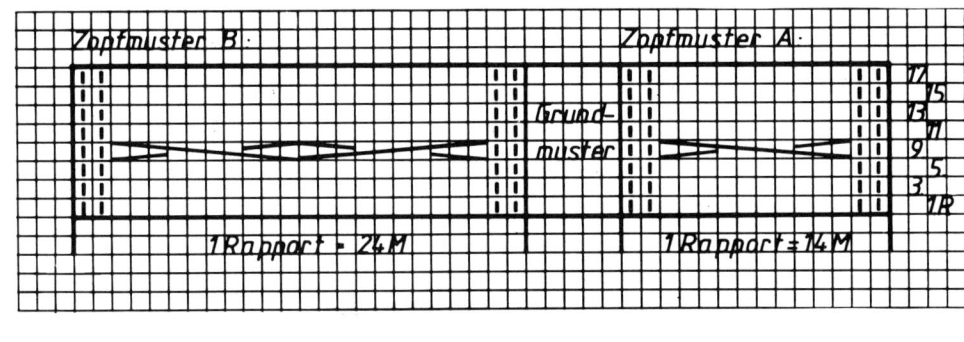

Beginn Rückenteil

Mitte rechter Ärmel

Beginn Vorderteil

Mitte linker Ärmel

╱ Serbie

▲ = 15–16 Jahre   ● = 18 Jahre   ■ = kleine Herrengröße   ★ = mittlere Herrengröße   ◆ = große Herrengröße

MODISCH MODELL 1, Seite 118

Zopfmuster B   Zopfmuster A

Grund-
muster

17
15
13
11
9
7
5
3
1R

1 Rapport = 24 M   1 Rapport = 14 M

|Ι| = 1 M links
☐ = 1 M rechts

⬚⬚⬚ = 5 M auf eine Hilfsnadel vor die Arbeit legen, die folgenden 5 M rechts
stricken, Hilfsnadel-M rechts

⬚⬚⬚ = 5 M auf eine Hilfsnadel hinter die Arbeit legen, die folgenden 5 M rechts
stricken, Hilfsnadel-M rechts

SPORTLICH MODELL 17, Seite 87

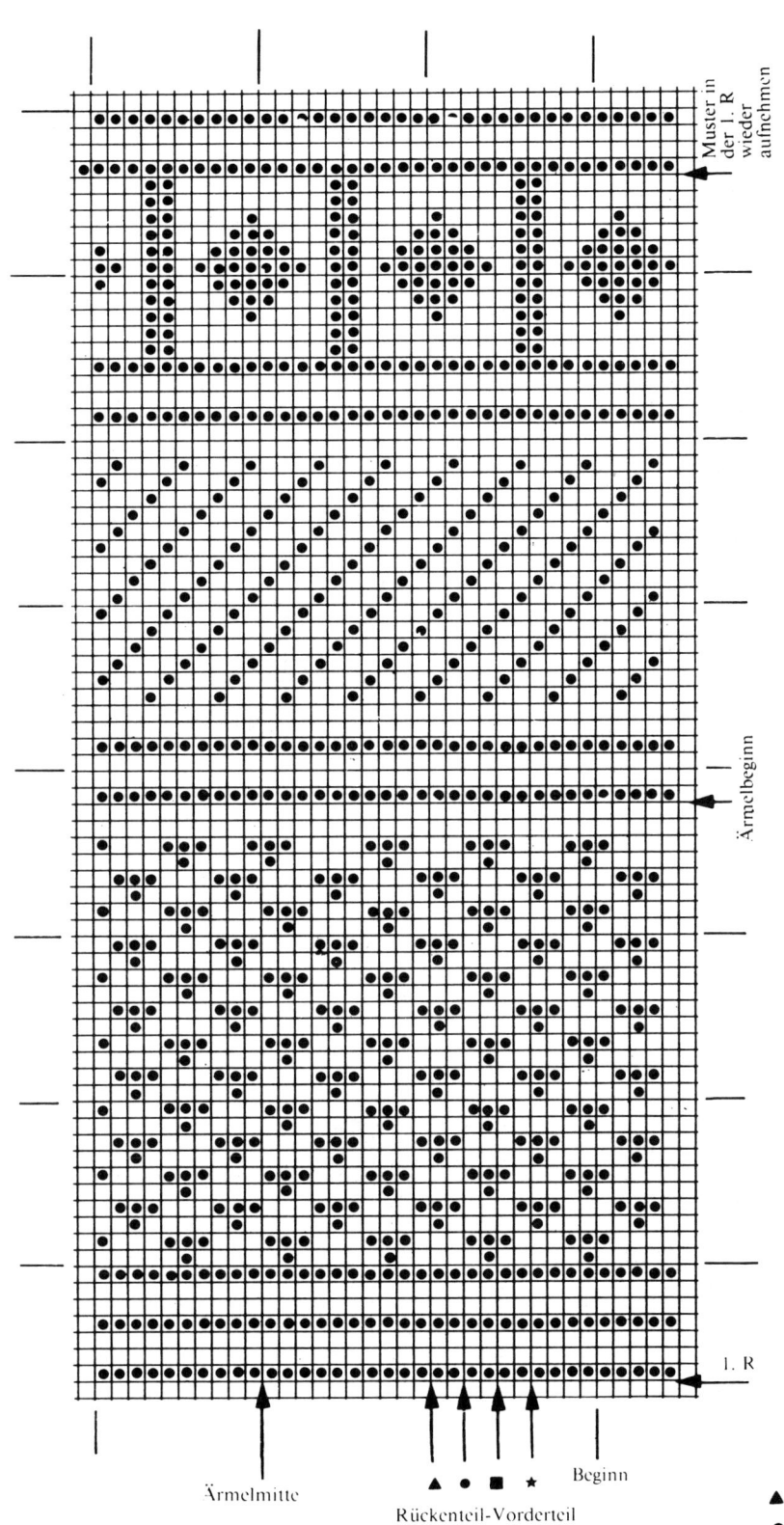

Muster in
der 1. R
wieder aufnehmen

Ärmelbeginn

1. R

Ärmelmitte

Rückenteil-Vorderteil

Beginn

▲ = 15 – 16 Jahre
● = 18 Jahre
■ = kleine Herrengröße
★ = mittlere bis
    große Herrengröße

● glatt links auf glatt rechts gestrickten Grund

SOMMERLICH MODELL 4, Seite 94

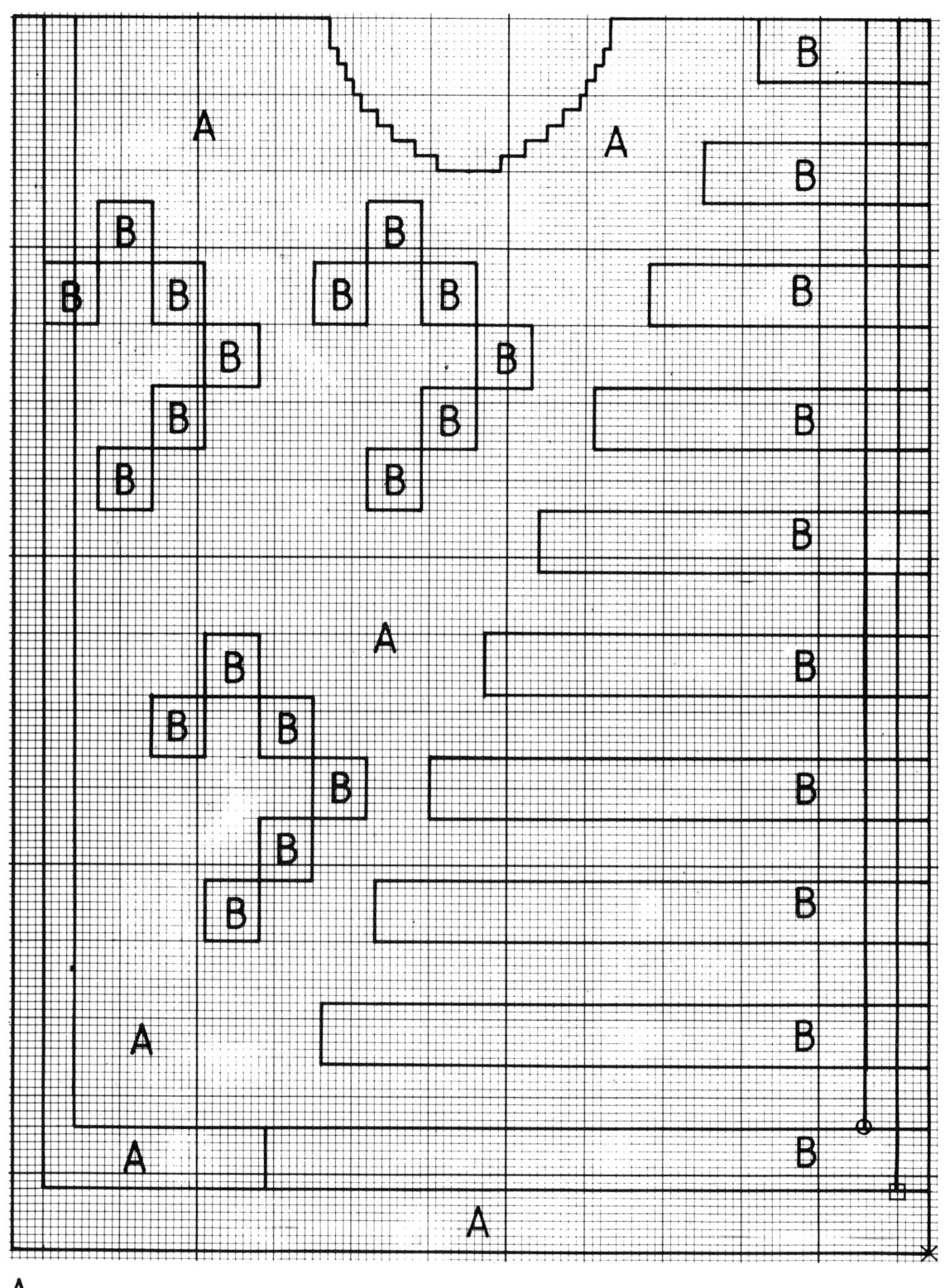

A = IN GLATT RECHTS   O = ZÄHLMUSTERBEGINN FÜR GRÖSSE 44/46   X = ZÄHLMUSTERBEGINN
                                                                          FÜR GRÖSSE 52/54

B = IN GLATT LINKS   □ = ZÄHLMUSTERBEGINN FÜR GRÖSSE 48/50

VORDERTEIL

MODISCH MODELL 5, Seite 126 – Modell 6, Seite 129   **KLASSISCH MODELL 24, Seite 48**

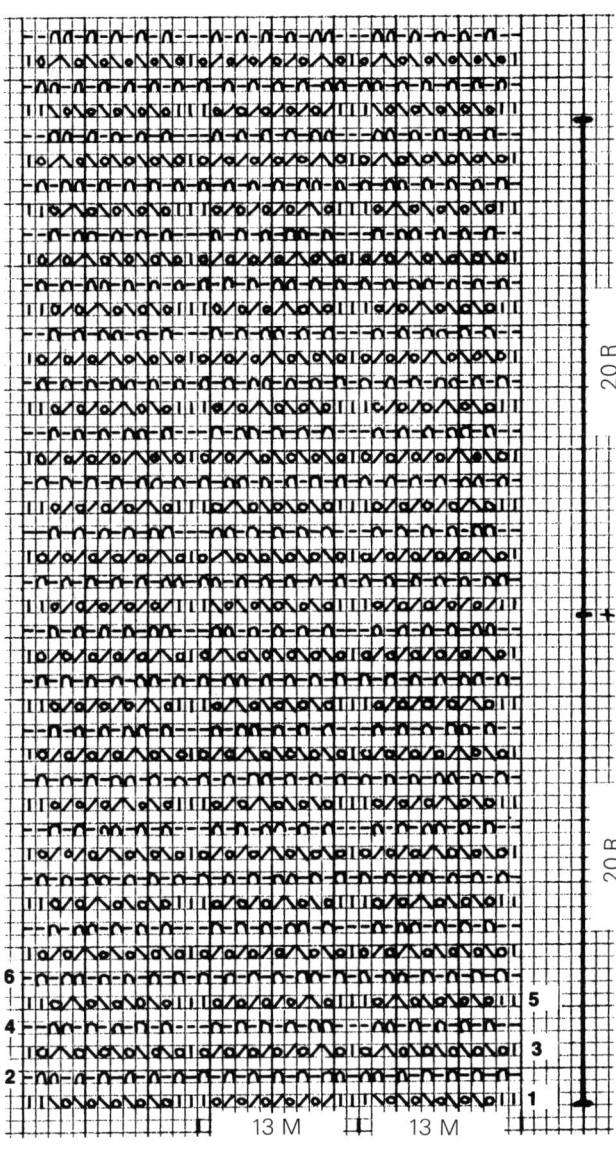

13 M   13 M

20 R

20 R

Strickschrift I

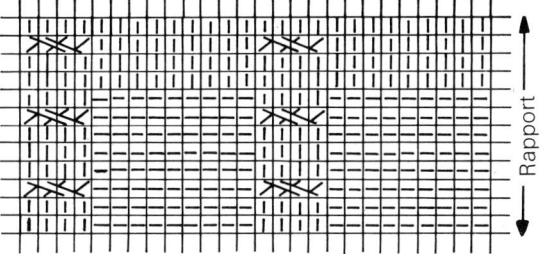

Rapport

Strickschrift II

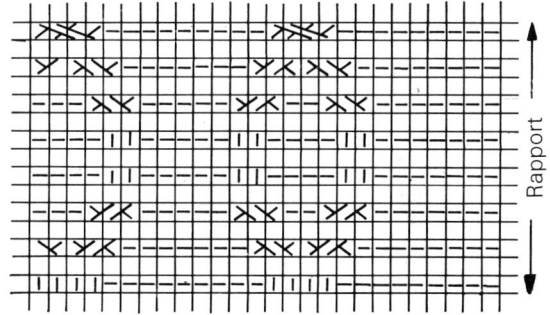

Rapport

⊟ = 1 M links

⊞ = 1 M rechts

⟩⟨⟨ = 3 nach links verkreuzte M

⟩⟨⟨ = 3 nach rechts verkreuzte M

⟩⟨⟨⟨ = 4 nach links verkreuzte M

Das Muster wird auf der Vorder- und auf der Rückseite der Arbeit gestrickt.

Vorderseite:
I = 1 M rechts
O = 1 M rechts verschränkt aufnehmen
╲ = 1 überzogene Abnahme
╱ = 2 M rechts zusammenstricken

Rückseite:
─ = 1 M links
∩ = 1 M links abheben, dabei den Faden vor der M durchführen

In der Breite: 13 M = ½ Rapport;
die folgenden 13 M = ½ Rapport gegengleich

In der Höhe: 20 R = ½ Rapport;
die folgenden 20 R = ½ Rapport gegengleich

MODISCH MODELL 8, Seite 132

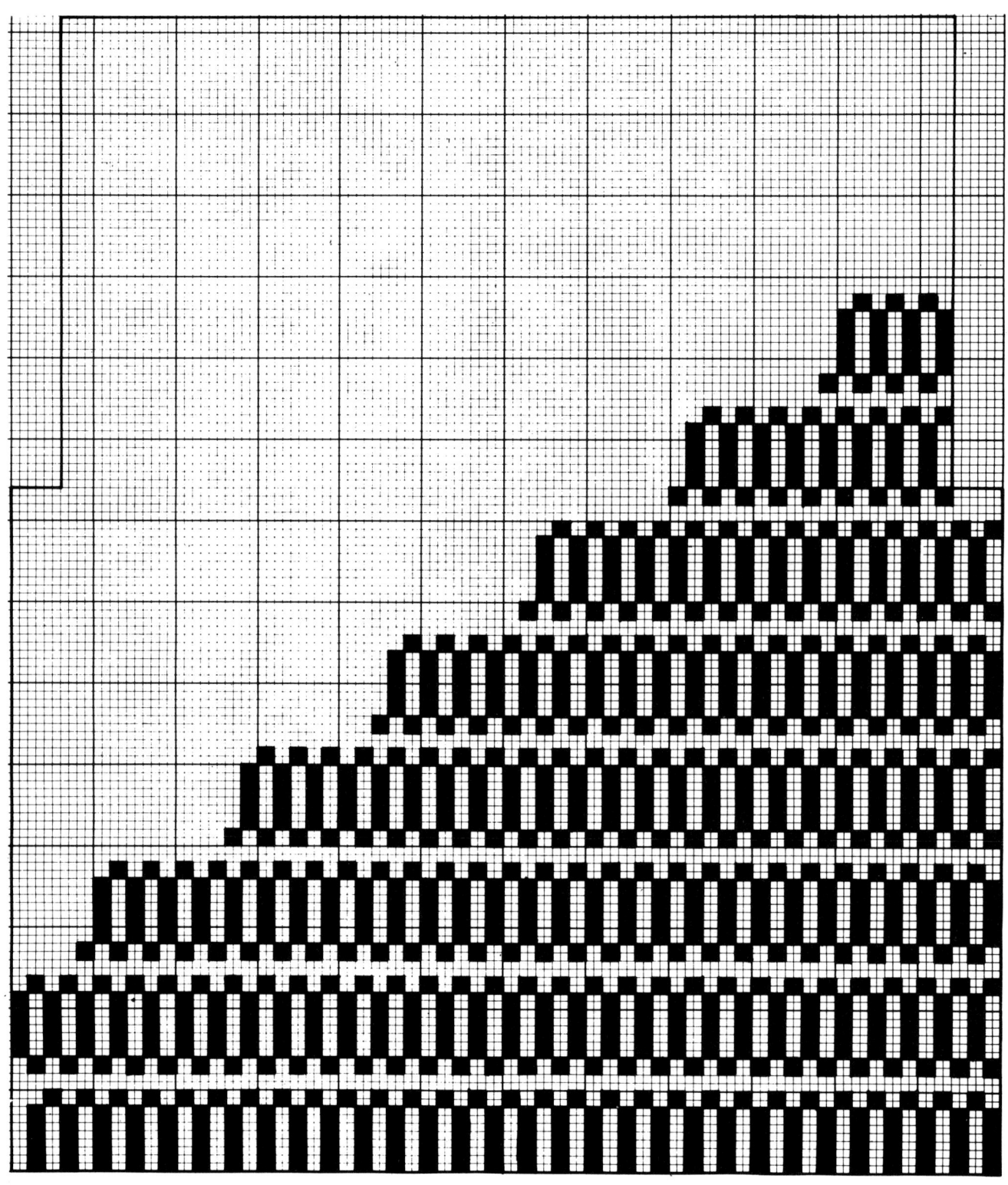

□ = weiß

■ = grau

RÜCKENTEIL

MODISCH MODELL 9, Seite 135

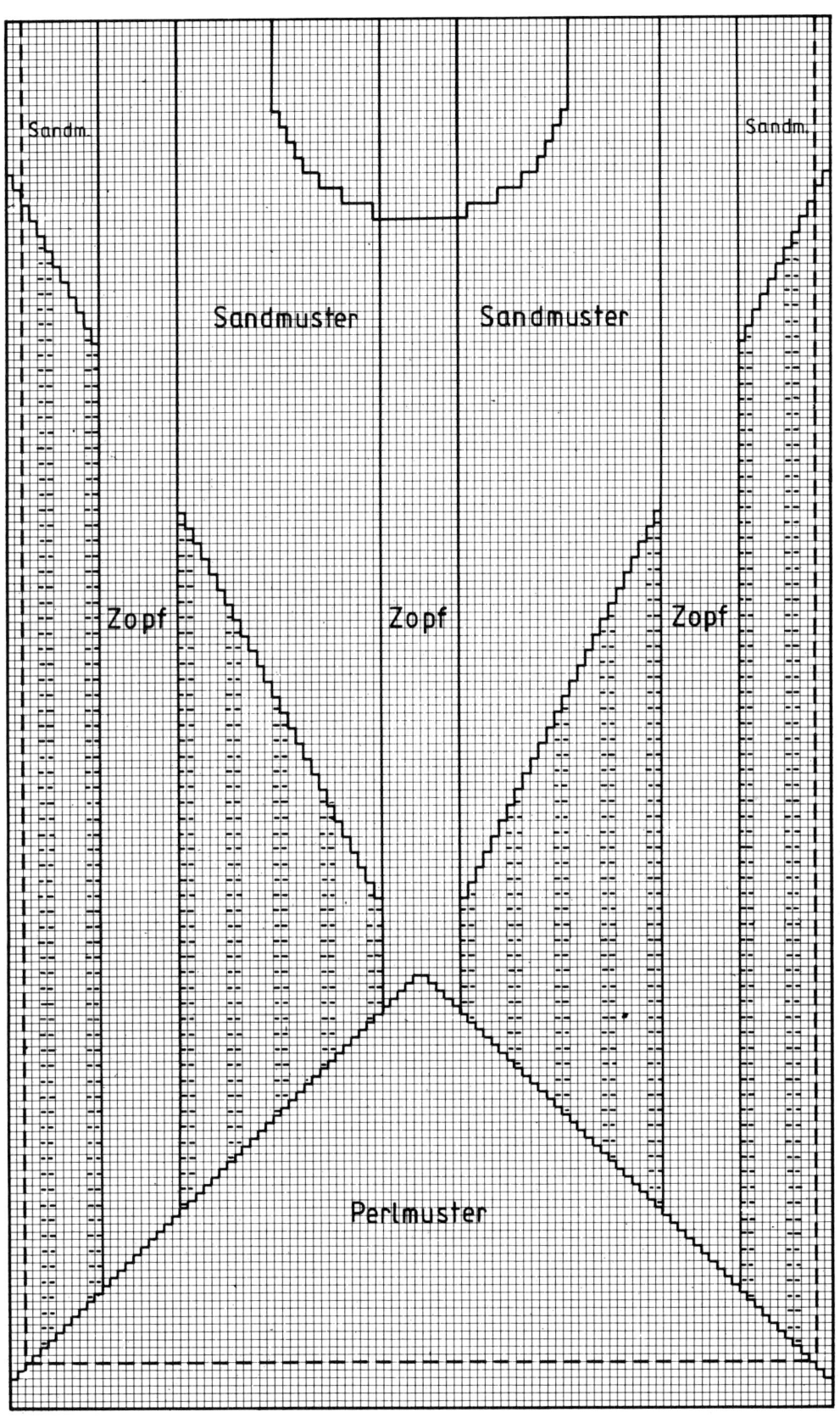

MODISCH MODELL 12, Seite 140   Strickschrift I

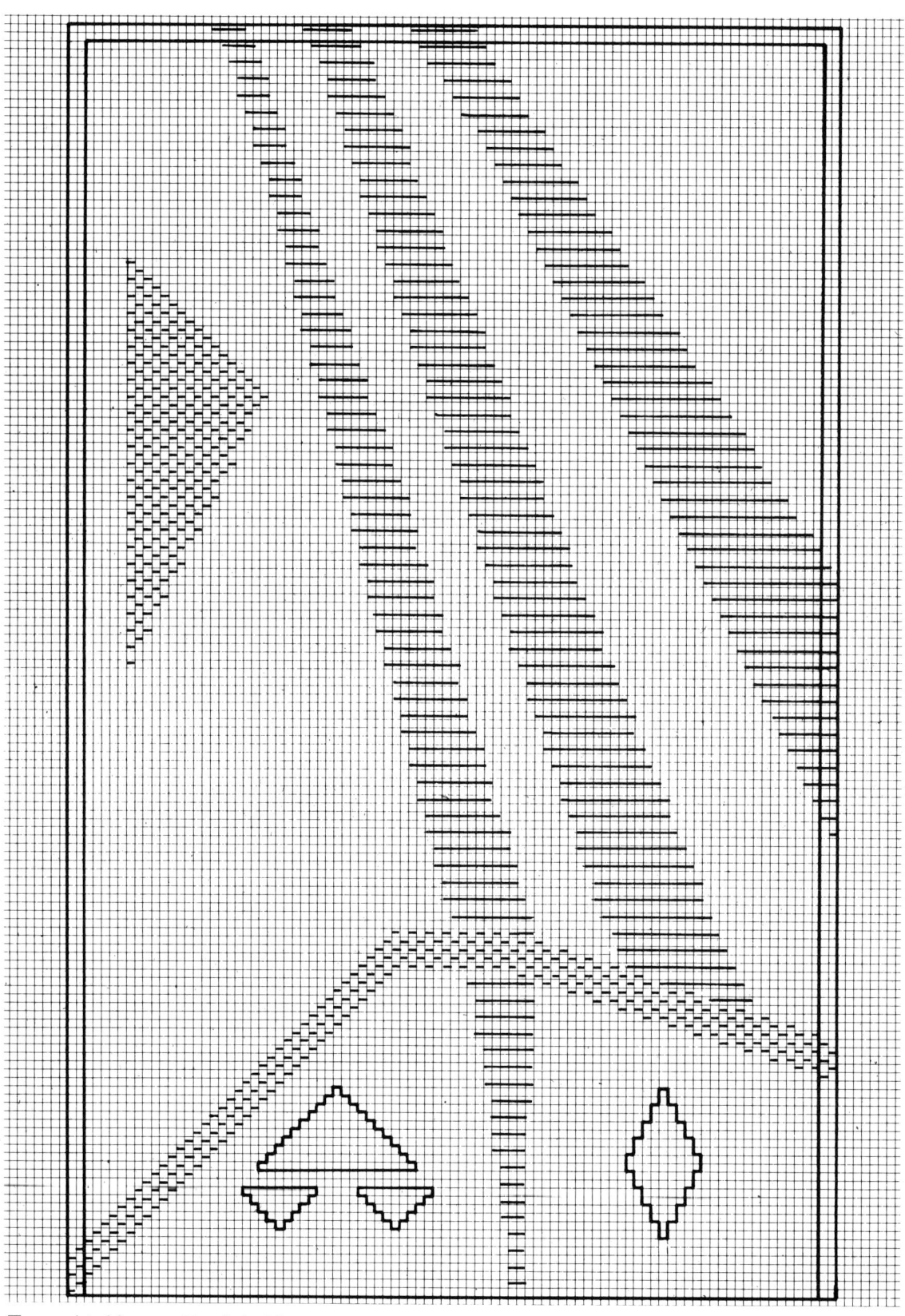

□ = rechte M   日 = linke M

MODISCH MODELL 12, Seite 140   Strickschrift II

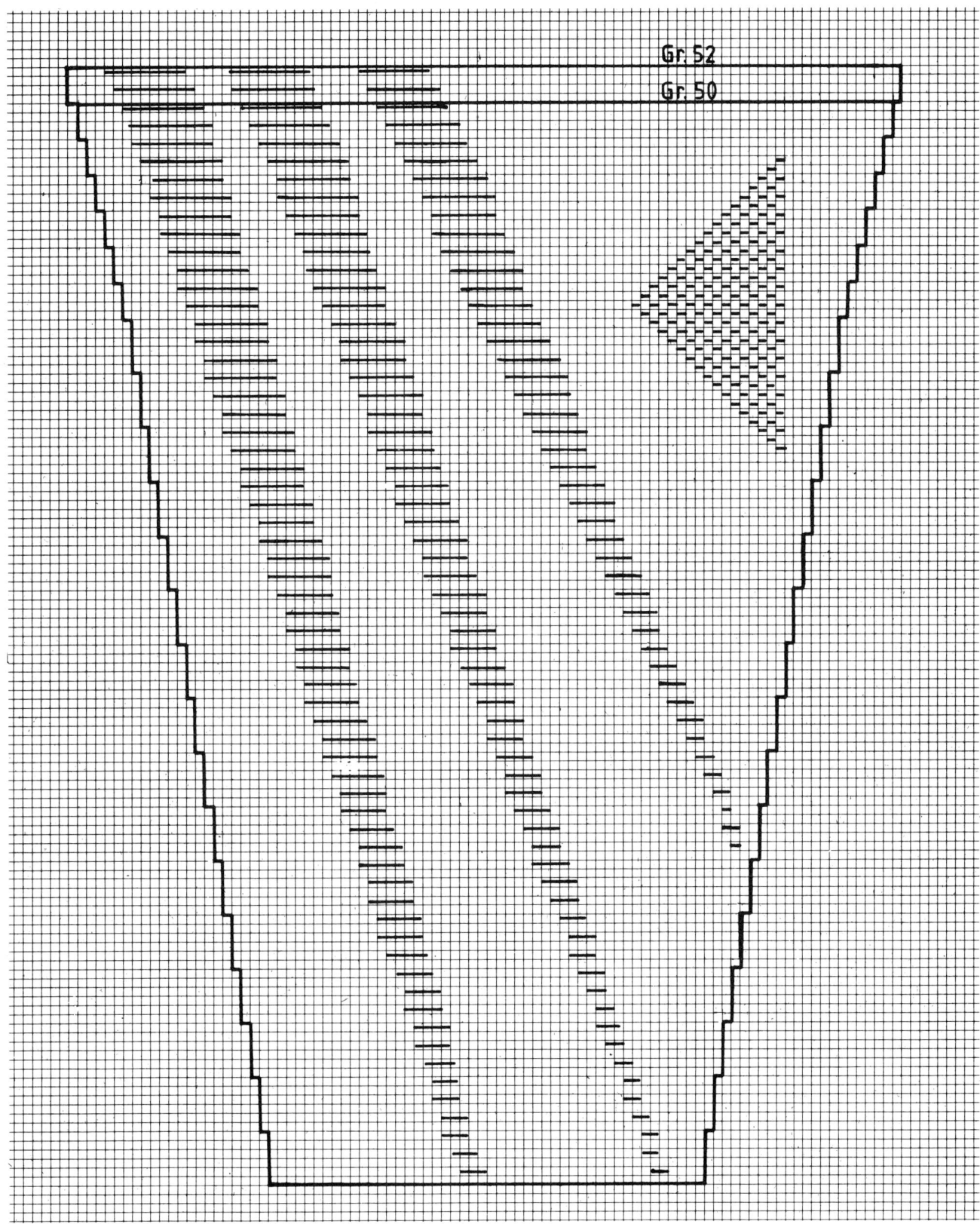

PFLEGETIPS

Viele Stunden bringt man damit zu, einen tollen Pullover oder eine kuschelige Jacke zu stricken und in wenigen Sekunden kann alles verdorben sein, wenn das Strickstück nicht richtig gepflegt wird. Deshalb ist es sicher hilfreich, folgende Tips und Ratschläge gründlich zu studieren, denn Fehler bei der Pflege von Handarbeiten kann man vermeiden.

AUFBEWAHRUNG

Die sorgfältige Pflege beginnt schon bei der Aufbewahrung. Handgearbeitete Sachen können sich bei unsachgemäßer Behandlung leicht verziehen.
Hängen Sie also Strickteile niemals auf einen Kleiderbügel. Legen Sie sie glatt zusammen, und stapeln Sie möglichst nicht zu viele Teile übereinander. Besonders die wertvollen Angorapullover werden durch zu enges Aufeinanderstapeln schnell flachgedrückt und sehen dann nicht mehr so flauschig aus wie gewünscht.

WASCHEN

Vorab einige allgemeine Hinweise, die für die Pflege aller Maschenwaren gelten. Bitte beachten Sie die Pflegesymbole auf den Garnbanderolen. Und denken Sie daran: Maschenwaren sind empfindlicher als gewebte Sachen aus entsprechenden Materialien, weil die Maschengebilde vergleichsweise locker sind. Wir empfehlen deshalb für Ihre handgearbeiteten Strickteile die schonende Handwäsche mit WOOLITE Kaltwaschpflege.
— Maschenwaren brauchen viel Waschflotte, sie müssen locker im Wasser schwimmen.
— immer in kaltem, höchstens lauwarmem Wasser waschen.
— jedes Teil möglichst einzeln waschen.
— nur kurz einweichen und das Waschgut nie lange im Wasser oder feucht in einem Stapel liegen lassen.
— das Strickstück zügig durchwaschen und niemals reiben oder rubbeln.
— die gewaschenen Teile sorgfältig in kaltem Wasser ausspülen. Niemals wringen! Weichspülen ist mit WOOLITE überflüssig.
— das Strickteil nach Waschen und Ausspülen vorsichtig aus dem Wasser nehmen und darauf achten, daß es sich nicht zu sehr

dehnt. Rollen Sie es in ein Frottiertuch und drücken Sie es leicht aus.
— Strickteile niemals auf einen Kleiderbügel hängen, sondern liegend auf einem saugfähigen Tuch trocknen. Die Teile dabei richtig in Form legen.
— die Strickstücke niemals in der Sonne oder auf der Heizung trocknen.
— auch bei stark verschmutzten oder verfleckten Teilen auf keinen Fall die Wassertemperatur erhöhen. Bevor Sie die Strickstücke ins Wasserbad stecken, Flecken naß machen, leicht mit etwas purem, flüssigem WOOLITE pressen und vor dem Waschen extra ausspülen.
— Woll- oder Seidengestricke niemals mit Haarwaschmitteln waschen, denn diese sind für die Pflege kostbarer Naturfasern meist nicht geeignet. Sie können Substanzen enthalten, die das Garn schädigen (z.B. Entfetter, Rückfetter und ähnliches). Außerdem enthalten sie keine Antideponenten, d.h. keinen Vergrauungsschutz.

WOLLE

Wolle ist weich und flauschig, leicht dehnbar und überaus elastisch. Reine Schurwolle hat die Fähigkeit, Luft zu speichern, die wie ein Polster gegen Kälte wirkt. Ebenso kann sie Feuchtigkeit aufnehmen und langsam wieder abgeben. Sie ist aber nicht nur schön und praktisch, sondern auch empfindlich und benötigt deshalb eine besonders schonende Pflege. Zu starkes Reiben und scharfe Waschmittel schädigen die zarten Fasern, die Schuppen der einzelnen Wollfasern verhaken sich, die Wolle „filzt". Werden Wollsachen zu heiß gewaschen, kräuseln sich die Fasern zu stark und das Strickstück läuft ein.
Waschen Sie deshalb Ihre selbstgefertigten Handarbeiten aus Schurwolle, Lambswool, Shetland, Kamelhaar, Cashmere, Alpaka, Angora oder Mohair mit WOOLITE Kaltwaschpflege. Denn WOOLITE entfaltet bereits in kaltem Wasser seine volle Waschkraft, ohne Reiben und Wringen. Einlaufen und Verfilzen gehören der Vergangenheit an.
Übrigens, Wolle mit dem Hinweis „waschmaschinenfest durch Superwash" oder „mit Spezialausrüstung filzt nicht" können Sie ohne Bedenken mit WOOLITE Pulver im Wollwaschgang Ihrer Waschmaschine waschen und sogar schleudern. Trocknen Sie Ihre Wollsachen aber niemals im Trockner.

SEIDE

Seide ist die feinste und edelste Naturfaser. Sie ist sehr weich und leicht, knittert kaum und ist außerordentlich reiß- und verschleißfest. Seide hat die besten Isoliereigenschaften, sie ist kühl im Sommer und hält warm im Winter. Aber sie ist auch empfindlich in der Pflege und sollte stets mit der Hand in kaltem oder lauwarmem Wasser, mit einem alkalifreien Feinwaschmittel wie WOOLITE Kaltwaschpflege gewaschen werden.

Drehen Sie alle Teile vor dem Waschen nach links — das schont noch mehr. Waschen Sie farbintensive Stücke stets separat — machen Sie ein Waschbad für zwei Teile nur dann, wenn sie von gleicher Farbe sind. Bei verschiedenfarbig gearbeiteten Seidenteilen in einem Pullover sollten Sie zwischen Vorder- und Rückseite und in die Ärmel ebenfalls trockene Frottiertücher legen, um ein eventuelles Ineinanderlaufen von Farben zu vermeiden.

CHEMIEFASERN

Nicht nur Seiden- und Wollgarne, auch hochwertige Chemiefasern wie Viskose, Polyacryl, Modal etc. wollen zart und pfleglich behandelt werden. Diese Fasern können zwar nicht filzen oder einlaufen, werden aber bei falschem Waschen schnell brüchig und verlieren Form und Farbe oder Glanz. Kunststoff kann in der Kälte hart und unter Wärmeeinfluß anomal weich werden. Auf die gleiche Weise können auch Chemiefasern ihre „Nerven" verlieren. Sie deformieren und dehnen sich. Mit WOOLITE Kaltwaschpflege können Sie diese Gewebe lange schön erhalten.

BÜGELN UND DÄMPFEN

Die meisten selbstgestrickten Handarbeiten werden nach der Wäsche von allein so schön, daß man sie nicht zu bügeln braucht. Manchmal läßt es sich aber nicht vermeiden, so daß wir Ihnen auch dazu ein paar Tips geben möchten. Beachten Sie aber auch hier immer die Temperaturanweisungen auf der Garnbanderole:
- das Strickstück vor dem Bügeln oder Dämpfen nach links wenden und ein feuchtes Tuch darauf geben.

- das Bügeleisen nicht fest aufsetzen, sondern leicht über das feuchte Tuch gleiten lassen, um glänzende Stellen zu vermeiden.
- beim Bügeln von Chemiefasern ist besondere Vorsicht geboten. Manche verlieren dabei ihre flauschige, wollige Struktur und eingebügelte Falten lassen sich kaum wieder glätten. Sollte ein solches Teil nicht glatt genug geworden sein, macht man es noch einmal naß und legt es so auf ein Tuch zum Trocknen.

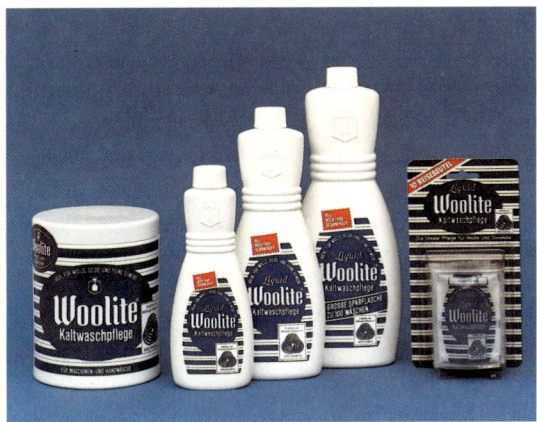

WOOLITE

- wurde speziell entwickelt, um in kaltem Wasser zu wirken. Es entsteht also kein Temperaturunterschied zwischen Wasch- und Spülvorgang,
- ist alkalifrei, es enthält weder Soda noch Chlor,
- ist frei von aggressiven Wirkstoffen und aufziehenden Substanzen, die den Charakter der Faser verändern können.
- enthält keine optischen Aufheller und ist deshalb besonders farbschonend.
- macht Weichspülen überflüssig.
- wäscht ohne zu reiben durch einfaches Eintauchen und Ausdrücken, vermeidet dadurch Knötchenbildung und ist besonders schonend.
- beseitigt Flecken, ohne Kränze und Ränder zu hinterlassen.
- enthält einen Antideponenten, der den Schmutz im Waschbad aufgelöst hält und den erneuten Niederschlag auf dem Waschgut verhindert.
- ist hautfreundlich und textilschonend.
- ist biologisch abbaubar.

Modell : Schachenmayr, 2528, Melodia

Modischer Strick will gepflegt werden.
Deshalb empfehlen führende Modemacher
Kaltwaschpflege mit Woolite.

Modischen Strick sanft und sicher zu pflegen ist ganz einfach: Einen Schuß Woolite in kaltes Wasser, den Pullover nur 3 Minuten einweichen, mit den Fingerspitzen leicht durchdrücken und klarspülen. Fertig. Weichspülen überflüssig. So pflegt man Wolle, Seide und alle anderen feinen Gewebe beim Waschen. In kaltem Wasser, sanft und sicher. Kein Einlaufen, kein Filzen. Farben bleiben wie neu. Darum wird Woolite von bekannten Modemachern wie Schachenmayr und dem Wollsiegelverband empfohlen und nur in guten Textil-fachgeschäften verkauft.

Empfohlen vom Wollsiegel-Verband e.V.

NOMOTTA   REINE·SCHURWOLLE

NEU. NOCH FARB-SCHONENDER.

IDEAL FÜR WOLLE, SEIDE UND FEINE GEWEBE.

Liquid
Woolite®
Kaltwaschpflege

Ich möchte Woolite gerne ausprobieren. Bitte senden Sie eine Gratisprobe an :

Name _____

Adresse _____

Woolite Textilpflege, Postfach 1362, 5657 Haan 1
Österreich : Woolite Textilpflege, Sonnengarten 10, 6973 Hoechst/Vbg.
Schweiz : Much AG, Postfach 270, 8952 Schlieren

Woolite. Pflegt beim Waschen.